《混凝土结构工程施工质量验收规范》
GB 50204—2015 与相关内容解读

本书编委会　编

中国建筑工业出版社

图书在版编目（CIP）数据

《混凝土结构工程施工质量验收规范》GB 50204—2015 与相关内容
解读/本书编委会编. —北京：中国建筑工业出版社，2016.6（2023.1重印）
ISBN 978 – 7 – 112 – 19232 – 8

Ⅰ.①混… Ⅱ.①本… Ⅲ.①混凝土结构 – 混凝土施工 – 工程验收 –
建筑规范 – 中国 – 自学参考资料 Ⅳ.①TU755

中国版本图书馆 CIP 数据核字（2016）第 050093 号

本书依据《混凝土结构工程施工质量验收规范》GB 50204—2015 而
编写，共 5 章，分别是：总则与术语、新旧规范的对比、规范的延伸、
《建筑工程绿色施工规范》GB/T 50905—2014 应用、混凝土工程典型质
量事故案例分析与经验交流。

本书对新旧规范的区别进行了分析，对新规范中相关的技术内容进
行了引申和介绍，列举了相关的质量事故案例辅以说明，图文并茂、实
战性强，可供建筑行业施工技术管理人员学习使用。

登录 www. cabplink. com 或扫描"中国建筑出版在线"微信二维码，
可观看更多授课视频。

责任编辑：张 磊 万 李
责任设计：王国羽
责任校对：刘 钰 党 蕾

　

《混凝土结构工程施工质量验收规范》
GB 50204—2015 与相关内容解读
本书编委会 编
　　＊
中国建筑工业出版社出版、发行（北京西郊百万庄）
各地新华书店、建筑书店经销
北京锋尚制版有限公司制版
北京建筑工业印刷厂印刷
　　＊
开本：787×1092 毫米 1/16 印张：12¾ 字数：315 千字
2016 年 6 月第一版 2023 年 1 月第七次印刷
定价：48.00 元
ISBN 978 – 7 – 112 – 19232 – 8
　　（36947）

本书编委会

主　　编：赵志刚　邢志敏
副 主 编：龚维恩　王云鹏　郭志亚
参编人员：高克送　曾　辉　方　园　王卫新　孟祥金　邢志敏　曾　雄
　　　　　徐　鹏　赵雅楠　乌兰图雅　张文明　刘樟斌　郑嘉鑫　陈德荣
　　　　　杜金虎　沈　权　樊红彪　吴芝泽　张小元　刘绪飞　刘建新
　　　　　韩路平　许永宁　王晓亮　吴海燕　唐福钧　聂星胜　陆胜华
　　　　　蔡鹏飞　黄明辉

前 言

随着建设工程技术的不断进步，国家建设法律法规的不断完善，各种规范、图集不断更新，建筑施工做法正逐步走向正规化、标准化。

但由于建筑行业为劳动密集型行业，手工作业量大，实际施工与规范仍存在一定差距。针对此种情况，本团队立足于施工现场，围绕《混凝土结构工程施工质量验收规范》GB 50204—2015，并以此为基础进行延伸，通过《混凝土结构工程施工质量验收规范》GB 50204—2015 与《混凝土结构工程施工质量验收规范》GB 50204—2002 新旧规范的对比分析，将优秀标准、做法整理汇总完成此书，望能够对建筑同行读者起到抛砖引玉的作用。

本书共分为以下几个部分：

1. 总则与术语。

2. 新旧规范的对比。

3. 规范的延伸。

4.《建筑工程绿色施工规范》GB/T 50905—2014 应用。

5. 混凝土工程典型质量事故案例分析与经验交流。

本书以图例展示为主，文字注释为辅，条理清晰，特点鲜明，依据最新的规范、规程，结合实际施工现场，按照施工现场常见质量问题的种类、质量问题发生的原因及预防措施与处理方案为结构进行编写，突出实际操作性，注重时效性，力求贴近建筑同行的实际工作需要。

由于本团队水平有限，本书中难免有不足之处，敬请读者批评指正。意见及建议可发送至邮箱 bwhzj1990@ 163. com。

登录 www. cabplink. com 或扫描"中国建筑出版在线"微信二维码，可观看更多授课视频！

建工出版社微信

目　录

第1章 总则与术语

1.1 规范制定的概况及目的

1. 规范制定的概况

根据住房和城乡建设部《2011 年工程建设标准规范制定、修订计划》（建标［2011］17 号）的要求，由中国建筑科学研究院会同有关单位对《混凝土结构工程施工质量验收规范》（以下简称《规范》）进行全面修订。已于 2014 年底完成最新修订，并得到住房和城乡建设部批准，于 2015 年 9 月 1 日起全面实施。

《规范》修订组成立暨第一次工作会议于 2011 年 6 月 30 ~ 7 月 1 日在北京召开，审查会于 2013 年 10 月 15 ~ 16 日在北京召开。修订工作共召开会议近 40 次。

2. 规范制定的目的

为加强建筑工程质量管理，统一混凝土结构工程施工质量的验收，确保工程施工质量，特制定本规范。

1.2 规范的适用范围

本规范适用于建筑工程混凝土结构施工质量的验收，不适用于特种混凝土结构施工质量的验收；不包括混凝土结构设计、使用和维护等方面的内容。

本规范适用范围为工业与民用房屋和一般构筑物的混凝土结构工程，包括现浇结构和装配式混凝土结构。

1.3 常用术语

（1）混凝土结构。以混凝土材料为主制成的结构。包括素混凝土结构、钢筋混凝土结构和预应力混凝土结构。按施工方法可分为现浇混凝土结构和装配式混凝土结构。其中常见素混凝土结构有道路、垫层等；常见钢筋混凝土结构有承重基础、承重现浇板等；预应力混凝土结构多用于桥梁等，如图 1.3 - 1 ~ 图 1.3 - 3 所示。

（2）现浇混凝土结构。现浇混凝土结构是在现场支模并整体浇筑而成的混凝土结构，常见的有建筑楼体、工业厂房等。如图 1.3 - 4 所示。

（3）装配式混凝土结构。装配式混凝土结构是以预制构件为主要受力构件经装

图 1.3 - 1 素混凝土结构

图 1.3 - 2 钢筋混凝土结构

图 1.3 - 3 预应力混凝土结构

配、连接而成的混凝土结构。随着建筑工业化趋势的发展，装配式混凝土结构的应用也会越来越广。如图 1.3 - 5 所示。

图 1.3 - 4 现浇混凝土结构

图 1.3 - 5 装配式混凝土结构

（4）严重缺陷。严重缺陷是对结构构件的受力性能、耐久性能或安装使用性能有决定性影响的缺陷。对于板底露筋可凿除露筋部位保护层厚度的混凝土，对钢筋除锈并刷防锈漆，最后水泥砂浆修补即可，如图 1.3 - 6 所示。

（5）一般缺陷。一般缺陷是对结构构件的受力性能或安装使用性能无决定性影响的缺陷，如图 1.3 - 7 所示。

图 1.3 - 6 混凝土严重缺陷

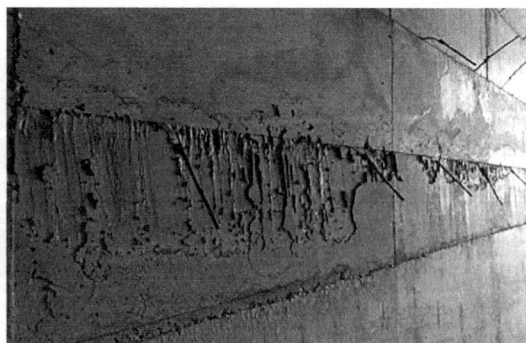

图 1.3 - 7 混凝土一般缺陷

（6）检验（材料检验、结构实体检验）。钢筋、混凝土、套筒等材料性能的检验需现场取样送第三方检测机构进行检验。

实体检验是针对结构构件的承载力、挠度、裂缝控制性能等各项指标所进行的检测、检验。如混凝土强度检验是现场进行回弹混凝土强度检验或钻芯取样，如图 1.3 - 8、图 1.3 - 9 所示。

钢筋保护层厚度检验，用钢筋保护层测定仪进行。见图 1.3 - 10。

图 1.3 - 8　回弹法检验混凝土强度

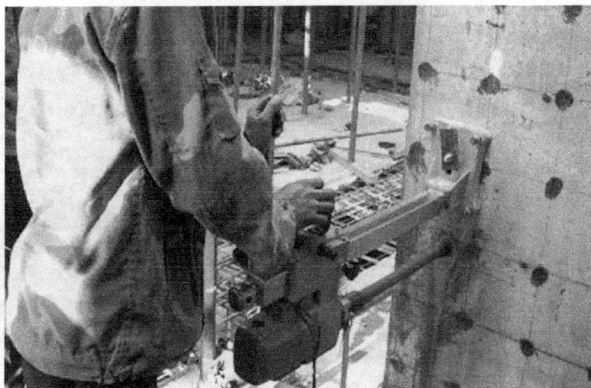

图 1.3 - 9　钻芯取样检验混凝土强度

图 1.3 - 10　钢筋保护层检验

（7）进场验收。对进入施工现场的材料、构配件、设备及半成品等按有关标准进行检验。主要包括：外观检查、质量证明文件核查、抽样复验等，如图 1.3－11 所示。

图 1.3－11　材料进场验收

（8）复验。复验是建筑材料、构配件等进入施工现场后，在外观质量检查和质量证明文件核查符合要求的基础上，按照有关规定从施工现场抽取试样送至实验室进行检验的活动。如钢筋进场需复验其力学性能、工艺性能、重量偏差等，如图 1.3－12 所示。

（9）见证取样。施工单位在工程监理单位或建设单位的见证下，按照有关规定从施工现场随机抽取试样，送至具备相应资质的检测机构进行检验，如图 1.3－13 所示。

图 1.3－12　材料复验　　　　　　　　　　图 1.3－13　见证取样

第 2 章　新旧规范的对比

2.1　模板分项工程

2.1.1　一般规定

和旧规范对比，新规范中增加了模板工程方案编制的要求。模板工程应编制施工方案。爬升式模板工程、工具式模板工程及高大支架工程的施工方案，应按有关规定进行技术论证。

上述条文由住房城乡建设部《建设工程高大模板支撑系统施工安全监督管理导则》建质〔2009〕254 号文件所规定。

爬模为附墙式自爬升系统，是完成第一层混凝土浇筑同时完成导轨和支架的预埋件系统，通过液压油缸对导轨和爬架交替顶升来实现爬模墩柱混凝土施工的结构系统。承载螺杆、支撑螺杆、导轨主要受力部件按施工、爬升、停工三种工况分别进行强度刚度及稳定性计算。在爬模装置爬升时，承载体的混凝土强度应大于 10MPa，并应满足设计要求。架体外侧设置栏杆、挡脚板，要求同扣件钢管式脚手架，如图 2.1－1 所示。

高大支架工程是指建设工程施工现场混凝土构件模板支撑高度超过 8m，或搭设跨度超过 18m，或施工总荷载大于 15kN/㎡，或集中线荷载大于 20kN/m 的模板支撑系统，如图 2.1－2 所示。

图 2.1－1　爬模　　　　　　　　　　　图 2.1－2　高大支架工程

工具式模板特点：施工速度快，不易变形，混凝土成型质量高，周转率高，损耗小，但往往一次性投入较高。适用于剪力墙、筒体体系，常见的有小钢模、大模板、滑模、筒模、隧道模等，如图 2.1－3 所示。

2.1.2　模板安装

（1）和旧规范对比，主控项目中明确要求后浇带处的模板及支架应独立设置。架体材料必须为合格材料，立杆及横杆间距根据工程实际情况选取，扫地杆及立杆垫板齐全，有必要的话必须设置剪刀撑，自由端高度不超过 300mm。支架搭设完毕，混凝土浇筑前必须对支架检查验收，如图 2.1-4 所示。

图 2.1-3　工具式模板　　　　　　　　图 2.1-4　后浇带独立支撑系统

（2）和旧规范对比，主控项目中对模架及支架所用材料质量提出明确要求。模板及支架用材料的技术指标应符合国家现行有关标准规定。进场时应抽样检验模板和支架的外观、规格和尺寸。检查数量：按国家现行相关标准的规定确定。检验方法：检查质量证明文件，观察，尺量。

模板及支架材料进场检查，观察材料表面裂纹、刻痕、砂眼等、尺量材料厚度、管径等实际尺寸，检查材料出厂合格证、生产许可证、进场等材质证明文件，在进入施工现场后第一次使用前，由施工总承包单位负责，对钢管、扣件、可调托撑进行复试，如图 2.1-5 所示。

图 2.1-5　进场材料检查

另外，新规范在主控项目中规定：支架竖杆或竖向模板安装在土层上时；土层应坚实、平整，并应有防水、排水措施；支架竖杆下应有底座或垫板。要保证其承载力符合施工方案要求。

（3）和旧规范对比，一般项目模板起拱要求中增加对梁跨度大于18m时的检查规定。模板的起拱应符合现行国家标准《混凝土结构工程施工规范》GB 50666—2011的规定，并应符合设计及施工方案的要求。检查数量：在同一检验批内，对梁，跨度大于18m时应全数检查，跨度不大于18m的应抽查数量的10%，且不应少于3件；对板，应按有代表性的自然间抽查10%，且不应少于3间；对大空间结构，板可按纵、横线划分检查面，抽查10%，且不应少于3面。

对于跨度较大的现浇混凝土梁、板的模板，由于其他施工阶段自重作用，竖向支撑出现变形和下层，如果不起拱可能造成跨间明显变形，严重时可能影响装饰和美观，故模板在安装时适度起拱有利于保证构件形状和尺寸。

起拱高度在《混凝土结构工程施工规范》GB 50666—2011中给出了规定，通常跨度小于4m时宜起拱，起拱高度宜为梁、板跨度的1/1000～3/1000，应根据具体工程情况并结合施工经验选择，对刚度较大的钢模板钢管支架等可采用较小值，对木模板木支架等刚度较小的可采用较大值。对梁、板起拱的检查验收应注意起拱后的构件截面高度问题。《混凝土结构工程施工规范》GB 50666—2011规定"起拱不得减少构件截面高度"。

2.1.3 模板拆除

和旧规范对比，新规范中去除模板拆除规定的内容。模板及支架拆除的顺序及安全措施应符合现行国家标准《混凝土结构工程施工规范》GB 50666—2011的规定和施工方案的要求。

为保证施工安全，现浇板一般采取隔一拆一的方法，即保证施工层下面总有一层模板未拆。柱、悬挑构件、侧模板等根据施工所处环境温度决定拆模时间，见表2.1-1所列。

底模拆除时的混凝土强度要求 　　　　　　　　　　　　　　　　表2.1-1

构件类型	构件跨度（m）	按达到设计混凝土强度等级值的百分率计（%）
板	≤2	≥50
	>2，≤8	≥75
	>8	≥100
梁、拱、壳	≤8	≥75
	>8	≥100
悬臂结构		≥100

2.1.4 强制条文

模板及支架应根据安装、使用和拆除工况进行设计，并应满足承载力、刚度和整体稳固性要求。

模架支设前要有方案有交底，模架搭设完毕有检查有验收。重点检查扫地杆、横杆步距、立杆跨距、剪刀撑、连墙件、自由端、扣件拧紧力、模板主副龙骨间距等，如图2.1-6所示。

图2.1-6 模板支架

2.2 钢筋分项工程

2.2.1 一般规定

（1）和旧规范对比，隐蔽工程验收内容增加了箍筋弯折角度及平直段长度。如图 2.2-1 所示。

（2）增加成型钢筋及已认证钢筋的验收规定。钢筋、成型钢筋进场检验，当满足以下条件之一时，其检验批容量可扩大一倍：1）获得认证的钢筋、成型钢筋；2）同一厂家、同一牌号、同一规格的钢筋，连续三批均一次检验合格；3）同一厂家、同一类型、同一钢筋来源的成型钢筋，连续三批均一次检验合格。

满足上述条件时，可以认为其产品质量稳定，本规范规定可以放宽其检验批容量，这样不仅可节省大量的检验成本，同时对降低工程造价、保证工程质量有积极意义。重点检查钢筋规格、成型尺寸、连接质量。如图 2.2-2 所示。

图 2.2-1　箍筋平直段长度检查　　　　　图 2.2-2　成型钢筋

2.2.2 材料验收

和旧规范对比，新规范增加的内容是：钢筋材料主控项目中对材料进场验收所依据的规范标准进行了明确。如图 2.2-3 所示。

图 2.2-3　钢筋材料验收

钢筋进场时，应按国家现行标准《钢筋混凝土用钢　第 1 部分：热轧光圆钢筋》GB 1499.1、《钢筋混凝土用钢　第 2 部分：热轧带肋钢筋》GB 1499.2、《钢筋混凝土用余热处理钢筋》GB 13014、《钢筋混凝土用钢　第 3 部分：钢筋焊接网》GB 1499.3、《冷轧带肋钢筋》GB 13788、《高延性冷轧带肋钢筋》YB/T 4260、《冷轧扭钢筋》JG 190 及《冷轧带肋钢筋混凝土结构技术规程》JGJ 95、《冷轧扭钢筋混凝土构件技术规程》JGJ 115、《冷拔低碳钢丝应用技术规程》JGJ 19 抽取时间做屈服强度、抗拉强度、伸长率、弯曲性能和质量偏差检验，检验结果应符合标准的规定。

首先，要求施工单位必须出具：（1）产品合格证原件（复印件限制使用且必须盖公章）；（2）产品备案证原件（复印件必须盖备案企业公章）；（3）生产许可证编号；（4）检验钢材生产厂家是否在当地建委发布的正规生产企业名录中。

再者，需要检查该批钢筋：（1）产品名称、型号与规格、牌号；（2）生产日期、生产厂名、厂址、厂印及生产许可证编号；（3）具有检验人员与检验单位证章和机械、化学性能规定的技术数据；（4）采用的标准名称或代号；（5）螺纹钢筋表面必须有标志和附带的标牌；（6）合格证，钢材总量不能超过 60t（一个检验批）。

接着，进行外观检查。要求进场钢筋凡在车上有堆积成垛的必须全部卸车检验，并采取打捆抽检方法，检查内有：（1）钢筋表面有无产品标识（钢筋强度等级、厂家名称缩写、符号、钢筋规格），标识是否准确规范；（2）钢筋外观有无颜色异常、锈蚀严重、规格实测超标、表面裂纹、重皮等。

待以上工作完成后，由见证取样人员监督施工单位取样员现场按规定取样，取样完成后与施工单位共同送至试验室进行复试，在接到检验合格通知后（注：对不能马上出具合格报告的，应有临时报告）方可予以进场，否则应做好相关记录和标志予以清退。和旧规范对比，新规范增加的内容有：一般项目中除增加成型钢筋检查外，还增加钢筋机械连接套筒、钢筋锚固板及预埋板的检查。

成型钢筋的外观质量和尺寸偏差应符合国家现行相关标准的规定。钢筋机械连接套筒、钢筋锚固板以及预埋件等的外观质量应符合国家现行相关标准的规定。检查数量：按国家现行相关标准的规定确定。检验方法：检查产品质量证明文件；观察，尺量。

2.2.3　钢筋加工

（1）和旧规范对比，新规范钢筋加工主控项目中增加了 500MPa 钢筋弯折的有关规定。500MPa 级带肋钢筋，当直径为 28mm 以下时不应小于钢筋直径的 6 倍，当直径为 28mm 及以上时不应小于钢筋直径的 7 倍。

对钢筋弯折（中间弯折、末端弯钩）加工的弯弧内径作了具体规定。防止因弯弧内径太小使钢筋弯折后弯弧外侧出现裂缝，影响钢筋受力或锚固性能，如图 2.2 - 4 所示。

（2）和旧规范对比，新规范中对环形箍筋和梁、柱复合单肢箍筋两端弯折角度和弯折后平直段的长度作了相关规定。圆形箍筋的搭接长度不应小于其受拉锚固长度，且两末端弯钩的弯折角度不应小于135°，弯折后平直段长度对一般结构构件不应小于箍筋直径的 5 倍，对有抗震设防要求的结构构件不应

图 2.2 - 4　钢筋弯折

小于箍筋直径的 10 倍；梁、柱复合箍筋的单肢箍筋两端弯钩的弯折角度均不应小于 135°，弯折后平直段的长度应符合以上对箍筋的有关规定。检查数量：按每工作班同一类型钢筋、同一加工设备抽查不应少于 3 件。检验方法：尺量。

2.2.4 钢筋连接

和旧规范对比，新规范钢筋连接主控项目中增加了螺纹接头的有关规定。螺纹接头应检验扭紧扭矩值，挤压接头应量测压痕直径，检验结果应符合现行行业标准《钢筋机械连接技术规程》JGJ 107 的相关规定。检查数量：按现行行业标准《钢筋机械连接技术规程》JGJ 107 的规定确定。检验方法：采用专业扭力扳手或专用量规检查，如图 2.2 – 5 所示。

检查套筒两端钢筋丝扣，干净且完好无损，外露不得多于 1 个完整丝扣。梁柱构件按接头数量的 15% 进行抽检，且每个构件的接头抽检数不少于 1 个。同一施工条件下，同规格、同型式、同等级接头，以 500 个为一检验批，不足 500 个的也作为一个检验批。现场取样截取试件后，原接头位置的钢筋用同等规格的钢筋搭接、焊接或机械连接的方法补救。

2.2.5 钢筋安装

新规范中规定了对锚固方式和锚固长度的检查。纵向受力钢筋的锚固方式和锚固长度应符合设计要求。检查数量：全数检查。检验方法：观察，尺量检查，如图 2.2 – 6 所示。

图 2.2 – 5　钢筋直螺纹连接检查

图 2.2 – 6　钢筋锚固

2.2.6 强制条文

（1）钢筋进场时，应按国家现行相关标准的规定，抽取试件作屈服强度、抗拉强度、伸长率、弯曲性能和重量偏差检验，检验结果应符合相应标准的规定。

检查数量： 按进场批次和产品的抽样检验方案确定。

检验方法： 检查质量证明文件和抽样检验报告。

取样方法：按照同一批量、同一规格、同一炉号、同一出厂日期、同一交货状态的钢筋，每批重量 60t 为一检验批，进行现场见证取样；当不足 60t 的也为一个检验批，进行现场见证取样。

试样分为抗拉试件两根，冷弯试件两根。实验室进行检验时，每一检验批至少应检验一个拉伸试件，一个弯曲试件。试件长度：冷拉试件长度一般≥500mm（500～650mm），冷弯试件长度一般≥250mm（250～350mm）；取样时，从任一钢筋端头，截取500～1000mm的钢筋，再进行取样。如图2.2-7所示。

（2）对按一、二、三级抗震等级设计的框架和斜撑构件（含梯段）中的纵向受力普通钢筋应采用 HRB335E、HRB400E、HRB500E、HRBF335E、HRBF400E 或 HRBF500E 钢筋，其强度和最大力下总伸长率的实测值应符合下列规定：

1 抗拉强度实测值与屈服强度实测值的比值不应小于1.25；

2 屈服强度实测值与屈服强度标准值的比值不应大于1.30；

3 最大力下总伸长率不应小于9%。

如图2.2-8所示。

图2.2-7　钢筋取样

图2.2-8　钢筋拉伸试验

（3）钢筋安装时，受力钢筋的牌号、规格和数量必须符合设计要求。

检查数量：全数检查。

检验方法：观察，尺量检查。

如图2.2-9所示。

图2.2-9　钢筋检查

重点检查：钢筋规格、间距、连接长度、连接位置、连接百分率、马凳筋设置、负筋位置、支座锚固长度、加密区位置及间距、钢筋保护层等。梁、柱核心区钢筋作为重点检查对象。如图2.2-10所示。

图 2.2－10　钢筋安装现场

2.3　预应力分项工程

2.3.1　一般规定

和旧规范对比，新规范增加了预应力筋、锚具、夹具、连接器、成孔管道的进场检验。预应力筋、锚具、夹具、连接器、成孔管道的进场检验，当满足下列条件之一时，其检验批容量可扩大一倍：(1) 获得认证的产品；(2) 同一厂家、同一品种、同一规格的产品，连续三批均一次检验合格，如图 2.3－1 所示。

图 2.3－1　夹具

满足上述两个条件之一时，可以认为其产品质量稳定，本规范规定可以放宽其检验批容量，这样不仅可节省大量的检验成本，同时对降低工程造价、保证工程质量有积极的意义。

2.3.2　材料验收

（1）和旧规范对比，新规范材料主控项目中进一步明确了材料验收应依据的规范标准。预应力筋进场时，应按国家现行标准《预应力混凝土用钢绞线》GB/T 5224、《预应力混凝土用钢丝》GB/T 5223、《预应力混凝土用螺纹钢筋》GB/T 20065、《无粘结预应力钢绞线》JG 161 抽取试件做抗拉强度、伸长率检验，其检验结果应符合相应标准的规定。

预应力筋是预应力分项工程中最重要的原材料（钢丝、钢绞线、热处理钢筋等），进场时应根据进场批次和产品的抽样检验方案确定检验批，进行抽样复验。

（2）增加了按《无粘结预应力混凝土结构技术规程》JGJ 92—2004 对无粘结预应力筋全封闭防水性能的验收规定，而检查数量仍按《预应力筋用锚具、夹具和连接器应用技术规程》JGJ 85 的规定执行。处于三 a、三 b 环境条件下的无粘结预应力筋用锚具系统，应按现行行业标准《无粘结预应力混凝土结构技术规程》JGJ 92 的相关规定检验全封闭防水性能，其检验结果应符合该标准的规定。检查数量：按现行行业标准《预应力筋用锚具、夹具和连接器应用技术规程》JGJ 85 的规定确定。检验方法：检查质量证明文件和抽样复验报告，如图 2.3 - 2 所示。

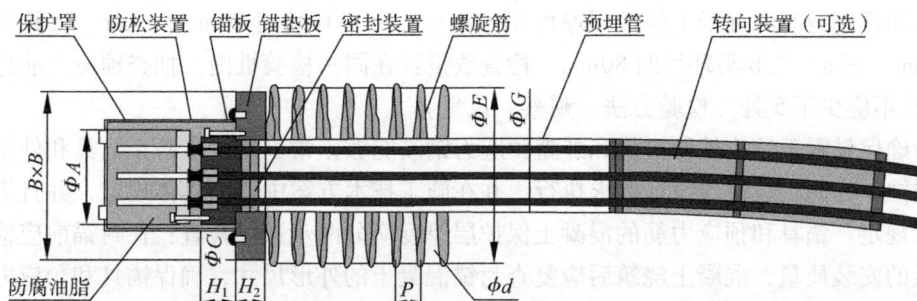

图 2.3 - 2　无粘结预应力筋封闭防水

注：三 a 类：严寒和寒冷地区冬季水位冰冻区环境；受除冰盐影响环境；海风环境。三 b 类：盐渍土环境；受除冰盐作用环境；海岸环境。

《无粘结预应力混凝土结构技术规程》JGJ 92—2004 要求对全封闭体系应进行不透水试验，安装后的张拉端、固定端及中间连接部位在不小于 10kPa（约 1m 水头）静水压力下，保持 24h 不透水。当用于游泳池、水箱结构时，可按设计要求的静水压力检测。

（3）增加了成孔管道的进场验收规定。后张预应力成孔管道进场时，除进行外观质量检查外，还应进行径向刚度和抗渗漏性能检验，其检验结果应符合相关标准的规定。检查数量：按进场的批次和产品的抽样检验方案确定。检验方法：检查质量证明文件和抽样复验报告。

张法预应力成孔主要采用塑料波纹管、金属波纹管。与之相关的现行行业标准分别为《预应力混凝土桥梁用塑料波纹管》JT/T 529、《预应力混凝土用金属波纹管》JG 225。

2.3.3 张拉和放张

新规范主控项目中增加了对预应力筋张拉或放张前，应对构件混凝土强度进行检验。预应力筋张拉或放张前，应对构件混凝土强度进行检验。同条件养护的混凝土立方体试件抗压强度应符合设计要求，当设计无要求时应符合下列规定：（1）应符合配套锚固产品技术要求的混凝土最低强度且不应低于设计混凝土强度等级值的 75%。（2）对采用消除应力钢丝或钢绞线作为预应力的先张法构件，不低于 30MPa。

本条对预应力筋张拉及放张时混凝土强度的规定，与现行国家标准《混凝土结构设计规范》GB 50010 的取值一致。若设计对此有明确要求，则应按设计要求执行。

2.3.4 灌浆及封锚

（1）新规范将灌浆封锚中的内容由一般项目提升为主控项目。现场留置的孔道灌浆料试件的抗压强度不应低于 30MPa。试件抗压强度检验符合下列规定：1）每组应留取 6 个边长为 70.7mm 的立方体试件，并应标准养护 28d；2）试件抗压强度应取 6 个试件的平均值；当每一组试件中抗压强度最大值或最小值与平均值相差超过 20% 时，应取中间 4 个试件强度的平均值。检查数量：每工作班留置一组。检验方法：检查试件强度试验报告。

（2）对 2002 年原规范中锚具的封闭保护措施要求作出了修改。当无设计要求时，外露锚具和预应力筋的混凝土保护层厚度不应小于：一类环境时 20mm，二 a、二 b 类环境时 50mm，三 a、三 b 类环境时 80mm。检查数量：在同一检验批内，抽查预应力筋总数的 5%，且不应少于 5 处。检验方法：观察，尺量。

为确保暴露于结构外的锚具和外露预应力钢筋能够正常工作，应防止锚具和外露预应力筋锈蚀，为此，应遵照设计要求执行，并在施工技术方案中作出具体规定，并且需满足本条的规定。锚具和预应力筋的混凝土保护层厚度应分两步进行检查：在封锚前应检查封锚模板的安装质量，混凝土浇筑后应复查封锚混凝土的外形尺寸，确保锚具和预应力筋的混凝土保护层厚度满足本条要求。

2.3.5 强制条文

（1）预应力筋进场时，应按国家现行相关标准的规定抽取试件作抗拉强度、伸长率检验，其检验结果应符合相应标准的规定。

检查数量：按进场的批次和产品的抽样检验方案确定。

检验方法：检查质量证明文件和抽样检验报告。

如图 2.3-3 所示。

（2）预应力筋安装时，其品种、规格、级别和数量必须符合设计要求。

检查数量：全数检查。

检验方法：观察，尺量。

如图 2.3-4 所示。

（3）对后张法预应力结构构件，钢绞线出现断裂或滑脱的数量不应超过同一截面钢绞线总根数的 3%，且每根断裂的钢绞线断丝不得超过一丝；对多跨双向连续板，其同一截面应按每跨计算。

图 2.3 - 3　抗拉强度试验

图 2.3 - 4　预应力筋安装

检查数量：全数检查。

检验方法：观察，检查张拉记录。

2.4　混凝土分项工程

2.4.1　一般规定

（1）和旧规范相比，新规范中明确提出了混凝土耐久性检验评定标准。混凝土有耐久性指标要求时，应按现行行业标准《混凝土耐久性检验评定标准》JGJ/T 193 的规定检验评定。

混凝土耐久性检验评定的项目可包括抗冻性能、抗水渗透性能、抗硫酸盐侵蚀性能、抗氯离子渗透性能、抗碳化性能和早期抗裂性能。当混凝土需要进行耐久性检验评定时，检验评定的项目及其等级或限值应根据设计要求确定。

（2）新规范中要求大批量、连续生产的同一配合比混凝土有生产单位提供的基本性能试验报告，如图 2.4 - 1 所示。

生产方应提供的基本性能试验报告有稠度、凝结时间、坍落度经时损失、泌水、表观密度、含气量等基本性能；也可按设计要求提供其他基本性能，如弹性模量、早期抗裂性

混凝土抗渗性能试验报告

试验表 20

试验委托人：＿＿＿＿＿＿＿　　试块编号：＿＿＿＿＿＿＿　　试验编号：＿＿＿＿＿＿＿

委托单位：＿＿＿＿＿＿＿　　工程名称：＿＿＿＿＿＿＿　　部位：＿＿＿＿＿＿＿

设计强度等级：＿＿＿＿＿　设计抗渗等级：＿＿＿＿＿　要求坍落度：＿＿＿cm实测坍落度：＿＿＿cm

水泥品种及等级：＿＿＿＿＿　厂别：＿＿＿＿＿　出厂日期：＿＿＿＿＿　试验编号：＿＿＿＿＿

砂子产地及品种：＿＿＿＿＿　细度模数：＿＿＿＿＿　含泥量：＿＿＿%试验编号：＿＿＿＿＿

石子产地及品种：＿＿＿＿＿　最大粒径：＿＿＿＿＿　含泥量：＿＿＿%试验编号：＿＿＿＿＿

外加剂名称：＿＿＿＿＿　厂别：＿＿＿＿＿　占水泥用量的：＿＿＿＿＿%

掺合料名称：＿＿＿＿＿　厂别：＿＿＿＿＿　占水泥用量的：＿＿＿＿＿%

图 2.4 - 1　混凝土抗渗性能试验报告

能、收缩变形值、抗冻等级、抗渗等级等。

（3）新规范中列出了水泥和外加剂检验批容量扩大一倍的条件。扩大检验批量是基于产品的质量有机构保证以及经检验其质量稳定的水泥、外加剂进场检验，当满足下列条件之一时，其检验批容量可扩大一倍：（1）获得认证的产品。（2）同一厂家、同一品种、同一规格的产品，连续三次进场检验批均一次检验合格。

2.4.2 混凝土拌合物

（1）新规范中增加了对预拌混凝土的要求。预拌混凝土进场时，其质量应符合现行国家标准《预拌混凝土》GB/T 14902 的规定。检查数量：全数检查。检验方法：检查质量证明文件，如图 2.4-2 所示。

预拌混凝土的质量证明文件主要包括混凝土配合比通知单、混凝土质量合格证、强度检验报告、必要的原材料合格检验报告、混凝土运输单以及合同规定的其他资料。由于混凝土的强度试验需要一定的龄期，报告可以在达到确定混凝土强度龄期后提供。

预拌混凝土所用的水泥、骨料、矿物掺合料等均应参照本规范第 7.2 节的有关规定进行检验，其检验报告在预拌混凝土进场时可不提供，但应在生产企业存档保留，以便需要时查阅使用。

（2）新规范中要求保证混凝土拌合物不应离析。一般的混凝土拌合物用水量过大、碎石级配较差、减水剂掺量过大等都容易造成混凝土离析。如果不加强控制，所有混凝土的原材料变化都可能导致混凝土出现离析现象。

（3）新规范中增加了对混凝土拌合物稠度的相关要求。混凝土拌合物稠度应满足施工方案的要求。检查数量：对同一配合比混凝土，取样应符合下列规定：1）每拌制 100 盘且不超过 100m³ 时，取样不得少于一次。2）每工作班拌制不足 100 盘时，取样不得少于一次。3）连续浇筑超过 1000m³ 时，每 200m³ 取样不得少于一次。4）每一楼层取样不得少于一次，如图 2.4-3 所示。

稠度具体检查方法按《普通混凝土拌合物性能试验方法标准》GB/T 50080 规定。将混凝土拌合物按一定方法装入坍落度筒内，按一定方法捣实，装满刮平后，将坍落度筒垂直向

图 2.4-2　预拌混凝土

图 2.4-3　混凝土稠度检验

上提起，把透明圆盘转到混凝土截头圆锥体顶面，开启振动台，同时计时，记录当圆盘底面布满水泥浆时所用时间，超过所读秒数即为该混凝土拌合物的维勃稠度值。此方法适用于骨料最大粒径不超过40mm，维勃稠度在5~30s之间的混凝土拌合物的稠度测定。

（4）新规范中增加了有耐久性要求的混凝土应在现场随机抽取试件进行耐久性检验，其质量应符合有关规范和设计要求。检查数量：同一工程、同一配合比的混凝土，取样不应少于一次，留置试件数量应符合国家现行标准《普通混凝土长期性能和耐久性能试验方法标准》GB/T 50082 和《混凝土耐久性检验评定标准》JGJ/T 193 的规定。检验方法：检查试件耐久性试验报告。

长期性能和耐久性试验用试件，除抗渗、疲劳试验以外均以3块为一组。制作每组长期性能及耐久性试验的试件及其相应的对比所用的拌合物应根据不同要求从同一盘搅拌或同一车运送的混凝土中取出，或在试验室用机械或人工单独拌制。所有试件均应在拌制或取样后立即制作。

（5）新规范增加了有抗冻要求的混凝土，应在施工现场进行混凝土含气量检验，其质量应符合有关规范和设计要求。检查数量：同一配合比的混凝土，取样不应少于一次，取样数量应符合现行国家标准《普通混凝土拌合物性能试验方法标准》GB/T 50080 的规定。检验方法：检查试件含气量检验报告。

2.4.3 强制条文

（1）水泥进场时，应对其品种、代号、强度等级、包装或散装编号、出厂日期等进行检查，并应对水泥强度、安定性和凝结时间进行检验，检验结果应符合现行国家标准《通用硅酸盐水泥》GB 175 等的相关规定，如图2.4-4所示。

检查数量：按同一厂家、同一品种、同一代号、同一强度等级、同一批号且连续进场的水泥，袋装不超过200t为一批，散装不超过500t为一批，每批抽样数量不应少于一次。

检验方法：检查质量证明文件和抽样检验报告。

（2）混凝土的强度等级必须符合设计要求。用于检验混凝土强度的试件应在浇筑地点随机抽取，如图2.4-5所示。

图2.4-4 水泥进场检验　　　　图2.4-5 混凝土强度试件

检查数量：对同一配合比混凝土，取样与试件留置应符合下列规定：

1 每拌制 100 盘且不超过 100m³ 时，取样不得少于一次。

2 每工作班拌制不足 100 盘时，取样不得少于一次。

3 连续浇筑超过 1000m³ 时，每 200m³ 取样不得少于一次。

4 每一楼层取样不得少于一次。

5 每次取样应至少留置一组试件。

检验方法：检查施工记录及混凝土强度试验报告。

2.5 现浇结构分项工程

2.5.1 一般规定

新规范中完善了结构质量验收的规定，对提前隐蔽、修整或返工的结构部位明确了验收要求。现浇结构质量验收应符合下列规定：（1）现浇结构质量验收应在拆模后、混凝土表面未作修整和装饰前进行，并应作出记录。（2）已经隐蔽的不可直接观察和测量的内容，可检查隐蔽工程验收记录。（3）修整或返工的结构构件或部位应有实施前后的文字及图像记录。

2.5.2 外观质量

新规范中，将旧规范8.2.2条中的"不宜"改为"不应"。现浇结构的外观质量不应有一般缺陷。对已经出现的一般缺陷，应由施工单位按技术处理方案进行处理，并应重新检查验收。检查数量：全数检查。检验方法：观察，检查处理记录。

具体处理要求在《混凝土结构工程施工规范》GB 50666—2011 第 8.9.3 条，对混凝土结构外观一般缺陷的修整作出了规定。

2.6 装配式结构分项工程

2.6.1 一般规定

（1）新规范中明确提出了装配式结构连接部位及叠合构件浇筑混凝土之前，隐蔽工程的验收内容。

装配式结构连接部位（节点）及叠合构件浇筑混凝土之前，应进行隐蔽工程验收。隐蔽工程验收应包括下列主要内容：1）混凝土粗糙面的质量，键槽的尺寸、数量、位置；2）钢筋的牌号、规格、数量、位置、间距，箍筋弯钩的弯折角度及平直段长度；3）钢筋的连接方式、接头位置、接头数量、接头面积百分率、搭接长度、锚固方式及锚固长度，如图2.6-1所示。

图 2.6-1 中柱底部位梁柱连接节点

本条提出的隐蔽工程反映钢筋、现浇结构分项工程施工的综合质量，在浇筑混凝土之前验收是为了确保其满足设计要求。

（2）装配式结构的接缝施工质量及防水性能应符合设计要求和国家现行相关标准的规定。

装配式结构的接缝防水施工是非常关键的质量检验内容，应按设计及有关防水施工要求进行验收。考虑到此项验收内容与结构施工密切相关，故列入本规范中。

2.6.2　预制构件

（1）新规范中强调预制构件的质量应符合本规范和国家现行有关标准的规定和设计的要求。检查数量：全数检查。检验方法：检查质量证明文件或质量验收记录。

（2）专业企业生产的预制构件进场时，预制构件结构性能检验应符合下列规定：

1）梁板类简支受弯构件进场时应进行结构性能检验，并应符合下列规定：①结构性能检验应符合国家现行相关标准的有关规定及设计的要求，检验要求和试验方法应符合本规范附录 B 的规定。②钢筋混凝土构件和允许出现裂缝的预应力混凝土构件应进行承载力、挠度和裂缝宽度检验；不允许出现裂缝的预应力混凝土构件应进行承载力、挠度和抗裂检验。③对大型构件及有可靠应用经验的构件，可只进行裂缝宽度、抗裂和挠度检验。④对使用数量较少的构件，当能提供可靠依据时，可不进行结构性能检验。

2）对其他预制构件，除设计有专门要求外，进场时可不做结构性能检验。

3）对进场时不做结构性能检验的预制构件，应采取下列措施：①施工单位或监理单位代表应驻场监督制作过程。②当无驻场监督时，预制构件进场时应对其主要受力钢筋数量、规格、间距、保护层厚度及混凝土强度等进行实体检验。检查数量：每批进场不超过1000 个同类型预制构件为一批，在每批中应随机抽选一个构件进行结构性能检验。检验方法：检查结构性能检验报告或实体检验报告，如图 2.6-2 所示。

工厂生产的预制构件，进场验收时作为产品进行验收，检验其质量证明文件和表面标识即可。质量证明文件包括产品合格证和混凝土强度检验报告，需要进行结构性能检验的预制构件，尚应提供有效的结构性能检验报告。预制构件表面的标识应清晰、可靠，以确保能够识别预制构件的"身份"，并在施工全过程中对发生的质量问题可追溯。

2.6.3　安装与连接

（1）新规范中强调了临时固定措施的质量。预制构件临时固定措施的安装质量应符合施工方案的要求。检查数量：全数检查。检验方法：观察。

预制构件安装就位后应及时采取临时固定措施。预制构件与吊具的分离应在校准定位及临时固定措施安装

图 2.6-2　预制构件进场验收

注："同类型"是指同一钢种、同一混凝土强度等级、同一生产工艺和同一结构形式。抽取预制构件时，宜从设计荷载最大、受力最不利或生产数量最多的预制构件中抽取。

完成后进行。临时固定措施的拆除应在装配式结构能达到后续施工要求的承载力、刚度及稳定性要求后进行，如图 2.6 - 3 所示。

（2）新规范中增加了钢筋采用套筒连接或浆锚搭接连接时的要求。钢筋采用套筒灌浆连接或浆锚搭接时，灌浆应饱满、密实。检查数量：全数检查。检验方法：检查灌浆记录，如图 2.6 - 4、图 2.6 - 5 所示。

图 2.6 - 3　临时固定措施

图 2.6 - 4　套筒连接

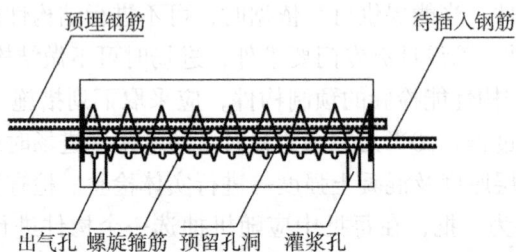

图 2.6 - 5　浆锚搭接

钢筋采用套筒灌浆连接或浆锚搭接时，其连接接头质量应符合国家现行相关标准的规定。检查数量：按国家现行相关标准的有关要求确定。检验方法：检查质量证明文件及平行加工试件的检验报告，如图 2.6 - 6 所示。

（3）新规范中强调了结构连接处后浇混凝土的强度应符合要求。装配式结构采用现浇混凝土结构连接时，结构连接处后浇混凝土的强度应符合设计要求。检验数量：按本规范第 7.4.1 条的规定确定。检验方法：检查混凝土强度报告。对装配式结构施工后的缺陷位置尺寸偏差作出了要求和规定，如图 2.6 - 7 所示。

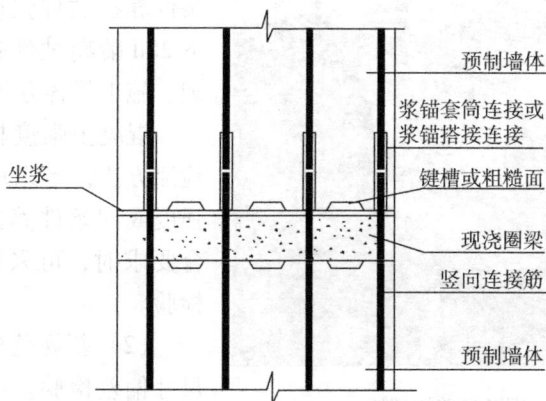

图 2.6 - 6　装配式结构钢筋连接

图 2.6 - 7　拼接节点

2.7　混凝土结构子分部工程

2.7.1　结构实体检验

（1）新规范中增加了钻取混凝土芯样检验法。同时新增了回弹—取芯法检测实体混凝土强度。

结构实体混凝土强度应按不同强度等级分别检验，检验方法宜采用同条件养护试件方法；当未取得同条件养护试件强度或同条件养护试件强度不符合要求时，可采用回弹—取芯法进行检验。结构实体混凝土同条件养护试件强度检验应符合本规范附录 C 的规定；结构实体混凝土回弹—取芯法强度检验应符合本规范附录 D 的规定，如图 2.7 - 1 所示。

混凝土强度检验时的等效养护龄期可取日平均温度逐日累计到达 $600℃\cdot d$ 时所对应的龄期，且不小于 14d。日平均温度为 0℃ 及以下的龄期不计入。冬期施工时，等效养护龄期计算时温度可取结构构件实际养护温度，也可根据结构构件的实际养护条件，按照同

图 2.7-1 同条件养护试块

条件养护试件强度与在标准养护条件下 28d 龄期试件强度相等的原则由监理、施工等各方共同确定。

混凝土强度检验宜采用非破坏性检测方法，当未取得同条件养护试件强度或同条件养护试件强度检验不符合要求时，可采用回弹—取芯法进行检验。

（2）新规范中增加了结构位置与尺寸偏差检验。结构位置与尺寸偏差检验应符合本规范附录 F 的规定。

结构实体位置与尺寸偏差检验构件的选取应均匀分布，并应符合下列规定：1）梁、柱应抽取构件数量的 1%，且不应少于 3 个构件。2）墙、板应有按代表性的自然间抽取 1%，且不应少于 3 间。3）层高应按有代表性的自然间抽查 1%，且不应少于 3 间。

对选定的构件，检验项目及检验方法应符合表 2.7-1 的规定，允许偏差及检验方法应符合《混凝土结构工程施工质量验收规范》GB 50204—2015 中表 8.3.2 和表 9.3.9 的规定，精确至 1mm。

构件检验项目及检验方法 表 2.7-1

项目	检验方法
柱截面尺寸	选取柱的一边量测柱中、下部及其他部位，取 3 点平均值
柱垂直度	沿两个方向分别测量，取较大值
墙厚	墙身中部量测 3 点，取平均值；测点间距不应小于 1m
梁高	量测一侧边跨中及两个距离支座 0.1m 处，取 3 点平均值；量测值可取腹板高度加上此处楼板的实测厚度
板厚	悬挑板取距离支座 0.1m 处，沿宽度方向取包括中心位置在内的随机 3 点平均值；其他楼板，在同一对角线上量测中间及距离两端各 0.1m 处，取 3 点平均值
层高	与板厚测点相同，量测板顶至上层楼板板底净高，层高量测值为净高与板厚之和，取 3 点平均值

墙厚、板厚、层高的检验可采用非破损或局部破损的方法，也可采用非局部破损方法，并用局部破损的方法进行校准。当采用非破损法检验时，所使用的检验仪器应经过计量检验，检验操作应符合国家现行相关标准的规定。

结构实体位置与尺寸偏差项目应分别进行验收，并应符合下列规定：1）当检验项目的合格率为 80% 及以上时，可判为合格。2）当检验项目的合格率低于 80% 但不小于 70% 时，可再抽取相同数量的构件进行检验；当按两次抽样总和计算的合格率为 80% 以上时，仍可判为合格。

2.7.2 混凝土结构子分部工程验收

混凝土子分部工程施工质量验收时，应提供的文件和记录中增加三项：（1）预拌混

凝土质量证明文件；（2）混凝土、灌浆料试件的性能检验报告；（3）钢筋套筒灌浆连接
及预应力孔道灌浆记录，如图2.7-2、图2.7-3所示。

市政基础设施工程

预应力张拉孔道灌浆记录

表号：市政施一22

工程名称：　　　　　　　承包单位：

构件名称		构件混凝土等级		
构件编号		水泥浆强度等级		
配合比编号		气　温（℃）		
孔道编号	起止时间	压力（MPa）	冒浆情况	水泥浆用量	净浆温度	备注

图 2.7-2　预应力孔道灌浆记录

灌浆施工记录表

编号：

工程名称		施工部位（构件编号）	
施工日期	年　月　日　时	灌浆科批号	
环境温度	℃	使用灌浆料总量	kg
材料温度	℃　水温　℃	浆料温度	℃（不高于30℃）
搅拌时间	min　流动度　mm	水料比（加水率）	水：kg；　料：kg
检验结果			

灌浆口、排浆口示意图

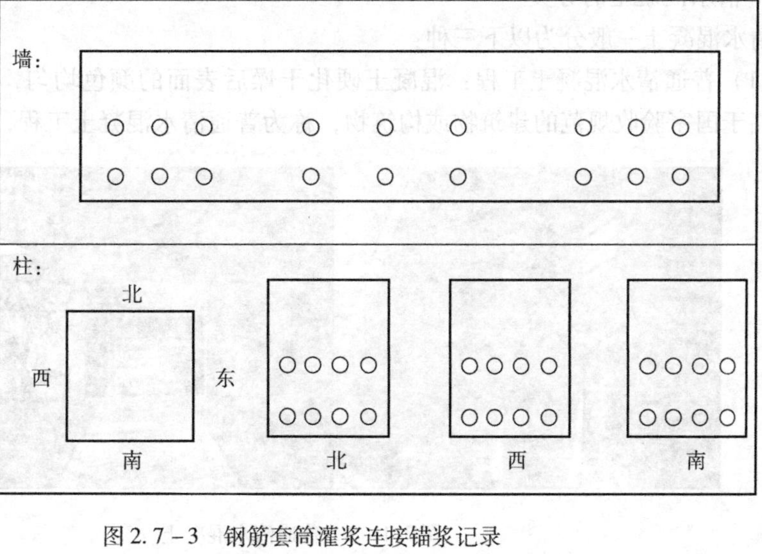

图 2.7-3　钢筋套筒灌浆连接锚浆记录

第3章　规范的延伸

3.1　清水混凝土施工

3.1.1　清水混凝土定义及分类

1. 清水混凝土的定义

清水混凝土是直接利用混凝土成型后的自然质感作为饰面效果，不做其他外装饰的混凝土工程，如图3.1-1所示。

特点：1.清水混凝土表面比普通混凝土更加平整、颜色更加一致且有一定光泽，杜绝蜂窝麻面等质量通病，并无碰损和污染，同时节约外加的表面抹灰等装饰费用，体现"快、省、美"的优点。
2.要求混凝土强度等级高，工艺精细，操作工人技术过硬。

图3.1-1　清水混凝土

2. 清水混凝土的分类

清水混凝土一般分为以下三种：

（1）普通清水混凝土工程：混凝土硬化干燥后表面的颜色均匀，且其平整度及光洁度均高于国家验收规范的建筑物或构筑物，称为普通清水混凝土工程，如图3.1-2所示。

普通清水混凝土表面宜涂刷透明保护涂料。

图3.1-2　普通清水混凝土

（2）饰面清水混凝土工程：以混凝土本身的自然质感和精心设计、精心施工的对拉螺栓孔眼、明缝、蝉缝组合形成自然状态作为饰面效果的混凝土工程，称为饰面清水混凝土工程，如图 3.1－3～图 3.1－5 所示。

饰面清水混凝土表面应涂刷透明保护涂料。

按照设计要求，利用模板工程中的对拉螺栓，在混凝土表面形成有规则排列的孔眼，是清水混凝土表面重要的装饰效果之一。

图 3.1－3　饰面清水混凝土（1）

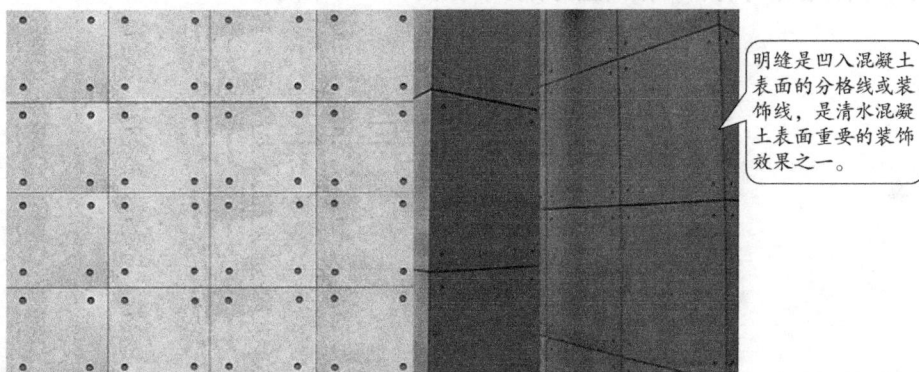

明缝是凹入混凝土表面的分格线或装饰线，是清水混凝土表面重要的装饰效果之一。

图 3.1－4　饰面清水混凝土（2）

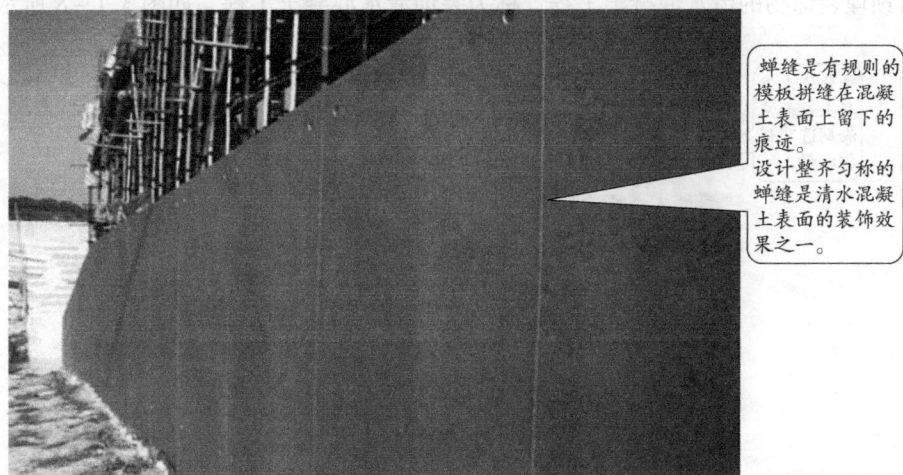

蝉缝是有规则的模板拼缝在混凝土表面上留下的痕迹。
设计整齐匀称的蝉缝是清水混凝土表面的装饰效果之一。

图 3.1－5　饰面清水混凝土（3）

蝉缝：利用模板或面板拼缝的缝隙在混凝土表面上留下的有规则的隐约可见的印迹叫做蝉缝，又名拼缝，如图 3.1-6 所示。

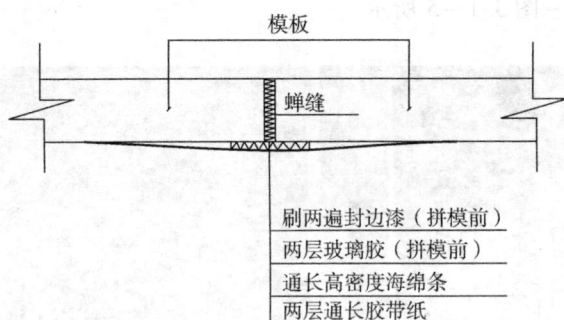

图 3.1-6　蝉缝构造

明缝：明缝是凹入混凝土表面的分格线，是清水混凝土重要装饰之一。明缝可根据设计要求，将压缝条镶嵌在模板上，经过混凝土浇筑脱模而自然形成。明缝条可选用硬木条、铝合金条等材料，截面宜为梯形，如图 3.1-7 所示。

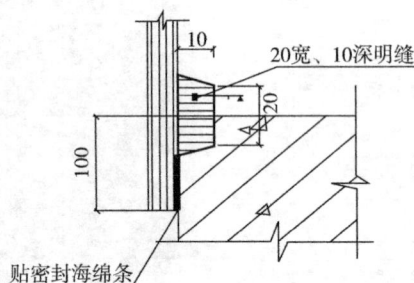

图 3.1-7　明缝构造

（3）装饰清水混凝土工程：利用混凝土的拓印特性在混凝土表面形成装饰图案或预留预埋装饰物的清水混凝土工程，称为装饰清水混凝土工程，如图 3.1-8 所示。

图 3.1-8　装饰清水混凝土

3.1.2 清水混凝土适用范围

随着装饰装修工艺技术的发展，清水混凝土已被广泛应用于民用建筑、公共建筑、构筑物、园林等工程中，如图3.1-9~图3.1-12所示。

图3.1-9 清水混凝土桥梁工程

图3.1-10 清水混凝土地铁工程

图3.1-11 清水混凝土写字楼

图3.1-12 清水混凝土别墅

3.1.3 清水混凝土工艺及要求

1. 工艺流程

清水混凝土工艺流程一般为：模板加工制作→钢筋绑扎→模板安装→混凝土浇筑→模板拆除→混凝土养护→对拉螺栓孔封堵→涂料施工→混凝土保护。

2. 工艺要求

（1）模板设计

1）模板设计应根据设计图纸进行，模板的排版与设计的蝉缝相对应。同一楼层的蝉缝水平方向应交圈，竖向垂直，有一定的规律性、装饰性，如图3.1-13所示。

2）模板设计应保证模板结构构造合理，强度、刚度满足要求，牢固稳定，拼缝严密，规格尺寸准确，便于组装和支拆。

3）模板的高度应根据墙体浇筑高度确定，应高出浇筑面50mm为宜。

4）对拉螺栓孔眼的排布应纵横对称、间距均匀，距门洞口边不小于150mm，在满足设计的排布时，对拉螺栓应满足受力要求，如图3.1-14所示。

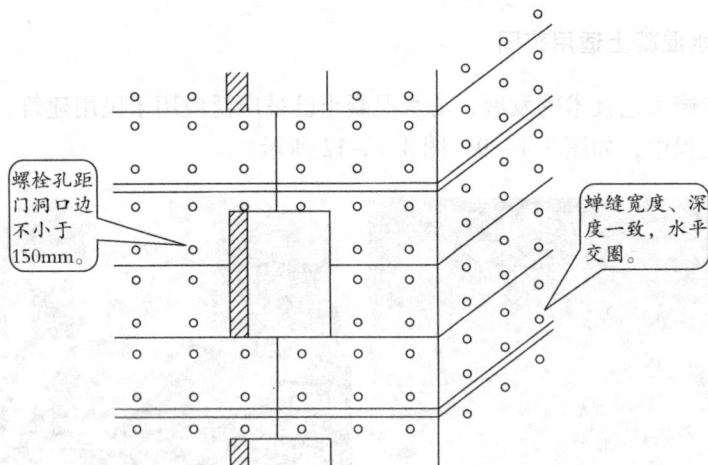

图 3.1-13　蝉缝交圈

图 3.1-14　清水混凝土模板

（2）模板分块原则

1）在吊装设备起重力矩允许范围内，模板的分块力求定型化、整体化、模数化、通用化，按大模板工艺进行配模设计，如图 3.1-15 所示。

2）外墙模板分块以轴线或窗口中线为对称中心线，内墙模板分块以墙中线为对称中心线，做到对称、均匀布置。

3）外墙模板上下接缝位置宜设于楼面建筑标高位置，当明缝设在楼面标高位置时，利用明缝作施工缝。

4）明缝也可设在窗台标高、窗过梁底标高、框架梁底标高、窗间墙边线及其他分格线位置。

（3）面板分割原则

1）面板宜竖向布置，也可横向布置，但不得双向布置。当整块胶合板排列后尺寸不

模板定型化、整体化、模数化、通用化，尽量按照"一面墙、一块板"的原则进行配模，一般墙体在不超过6m时只需一块板，若墙体过长，可采用拼装形式。

图 3.1 - 15　清水大模板

足时，宜采用大于600mm宽胶合板补充，设于中心位置或对称位置。当采用整张排列后出现较小余数时，应调整胶合板规格或分割尺寸。

2）以钢板为面板的模板，其面板分割缝宜竖向布置，一般不设横缝，当钢板需竖向接高时，其模板横缝应在同一高度。在一块大模板上的面板分割缝应做到均匀对称。

3）在非标准层，当标准层模板高度不足时，应拼接同标准层模板等宽的接高模板，不得错缝排列。

4）建筑物的明缝和蝉缝必须水平交圈，竖缝垂直，如图3.1 - 16所示。

5）圆柱模板的两道竖缝应设于轴线位置，竖缝方向与群柱一致。

6）方柱或矩形柱模板一般不设竖缝，当柱宽较大时，其竖缝宜设于柱宽中心位置。

（4）材料要求

为控制清水混凝土表面的色差，保证混凝土拌合物的性能，清水混凝土工程所用混凝土原材料除符合《混凝土结构工程施工质量验收规范》GB 50204—2015 的要求外，还应满足以下要求：

1）水泥：宜选用硅酸盐水泥、普通硅酸盐水泥和矿渣硅酸盐水泥，且强度等级不低于42.5级。采用的水泥必须符合《通用硅酸盐水泥》GB 175—2007 等规定。

同一工程的水泥应为同一厂家生产、同一品种、同强度等级、同批号，且采用同一熟料磨制，颜色均匀的水泥。

2）骨料：所用骨料必须符合《建筑用砂》GB/T 14684—2011、《建设用卵石、碎石》GB/T 14685—2011 等要求。粗骨料强度应符合《普通混凝土用砂、石质量及检验方法标准》JGJ 52—2006 的规定，岩石的抗压强度应为混凝土抗压强度的1.5倍以上。

粗骨料应连续级配良好，颜色均匀、洁净，含泥量小于1%，泥块含量小于

图3.1 - 16　明缝、蝉缝交圈

0.5%，针片状颗粒不大于15%。

细骨料应选择质地坚硬、级配良好的河砂或人工砂，其细度模数应大于2.6（中砂），含泥量不应大于1.5%，泥块含量不大于1%。

在同一工程中使用的骨料应为同一生产厂家的产品。

经常受潮部位的清水混凝土，选择骨料时应考虑防止碱骨料反应的措施，宜选用非碱活性骨料，如受资源限制，不能选用非碱活性骨料时，可有条件地使用低碱活性骨料，但须依据国家相关规程进行试验，经试验证明拟采用的抑制措施能够有效地抑制碱骨料反应。

3.1.4 清水混凝土质量通病预防与处理

常见清水混凝土的质量通病有：

（1）柱根部烂根，如图3.1-17所示。

处理措施：将柱根部疏松混凝土凿除，浇水湿润不少于24h，重新浇灌比原混凝土高一强度等级的混凝土，并养护不少于3d。
预防措施：1.新旧混凝土接槎部位凿毛清理。2.柱子模板预留清扫孔，封模完成后用水清洗接槎，冲走垃圾和润湿。3.柱模板底部钉10cm宽木板条，上面粘海绵条，与柱模板压紧，防止漏浆。4.混凝土浇筑前柱底部浇3~5cm厚同强度等级砂浆。

原因：1.浇筑混凝土前模板底部垃圾未清理干净。2.模板与地面接触不严密，造成漏浆。3.混凝土浇筑高度过大造成混凝土离析。4.混凝土浇筑时柱底部振捣不到位。

图3.1-17 柱烂根

（2）混凝土面模板拼缝明显、漏浆、混凝土错台，如图3.1-18所示。

原因：模板周转次数过多，破损严重；模板加固不到位，接茬部位胀模导致错台；质量管理人员管理不到位。
预防措施：模板表面平整，无过多破损，浇筑混凝土前严格验收模板强度、刚度、垂直度、加固程度。
处理措施：将模板接缝与漏浆打磨掉，凿除错台部位多余混凝土，用比原混凝土高一强度等级同配合比去石子砂浆修补，错台出缓坡过渡。

图3.1-18 混凝土面拼缝、漏浆与错台

（3）混凝土表面泛砂，如图 3.1 - 19 所示。

预防措施：1.模板有足够的刚度和稳定性，表面光滑，接缝严密无缝隙，防止漏浆，避免混凝土面泛砂；加大附着式振动器的数量，这样可有效地减少混凝土表面气泡的产生。2.选择合适的外加剂和隔离剂。3.控制好施工配合比。4.严格控制混凝土拌合时间。5.混凝土振捣方式必须正确，选择高水平有责任心的振捣手。

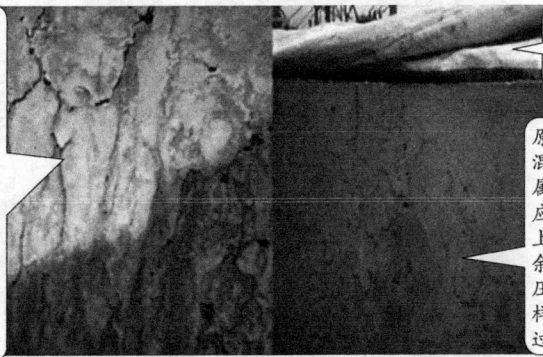

处理措施：用钢丝刷刷除混凝土表面浮砂，然后用同配合比混凝土去石子砂浆抹平压光。

原因：混凝土和易性差，砂率低，混凝土的保水性差。由于混凝土属不均质材料，浇筑施工中内部应力元不一致，总会在某个路线上有弱面，则水路就会打通，多余的水聚集并从此路流动，被挤压的水向上走，将浆液带走，这样会在混凝土表面留下"砂纹"。过振离析则形成"砂斑"。

图 3.1 - 19 混凝土泛砂

（4）混凝土表面存在气泡，如图 3.1 - 20 所示。

处理措施：白水泥与水泥配合比修补，一般比例在1:1～5:8之间，砂选用特细砂（0.7～1.5mm）制作水泥砂浆，配合比的效果应与混凝土色泽统一，用抹子、泡沫块擦抹修饰，即可达到预期效果。

原因：1.混凝土拌合和振捣不到位、混凝土浇筑层过厚，混凝土中产生气体排不出去，吸附在模板表面，则形成气泡。2.模板隔离剂选用失误，导致水泡与气泡滞留在混凝土表面不能排出。

图 3.1 - 20 混凝土表面气泡

（5）混凝土表面色泽不一，有色差，如图 3.1 - 21 所示。

原因：4.砂石杂质含量较大。5.隔离剂、添加剂使用不当，涂刷不均、涂刷后保护不当、待浇时间较长等。6.混凝土接槎处漏浆流淌到已完成混凝土表面，造成污染。7.钢筋保护层过小，隐约可见，混凝土养护不到位。

原因：1.原材料选择不当，质量不稳定；采用不同品牌的水泥，隔离剂品牌和砂石料产地不稳定，水泥用量较多或用量过少，砂子用量过多。2.配合比设计坍落度较大；混凝土拌合时控制不稳定，坍落度波动性较大；混凝土待浇时间长，坍落度损失较大。3.混凝土浇筑时操作不规范，振捣时间控制不准确。如落差过大导致混凝土离析而产生色差；早振、欠振、过振。

图 3.1 - 21 混凝土表面色差

31

（6）钢筋显隐，如图3.1-22所示。

拆模后混凝土表面露钢筋的痕迹，主要是显出箍筋形影。

预防措施：1.钢筋骨架力求竖直挺拔，为增强钢筋骨架刚度。2.加密保护层垫块，并使钢筋骨架顶端与模板之间有撑有拉，固定坚牢。3.混凝土振捣时避免碰触钢筋。4.严格控制混凝土坍落度。

原因：1.钢筋骨架刚度不够，局部变形，导致箍筋抵住模板，保护层不足。2.箍筋净保护层厚度不足。3.混凝土振捣时，致使钢筋移位，导致保护层混凝土密实性不良。4.混凝土配合比中水泥含量少，砂子含量多，石子粒径大。

图 3.1-22　钢筋显隐

（7）蜂窝、麻面，如图3.1-23所示。

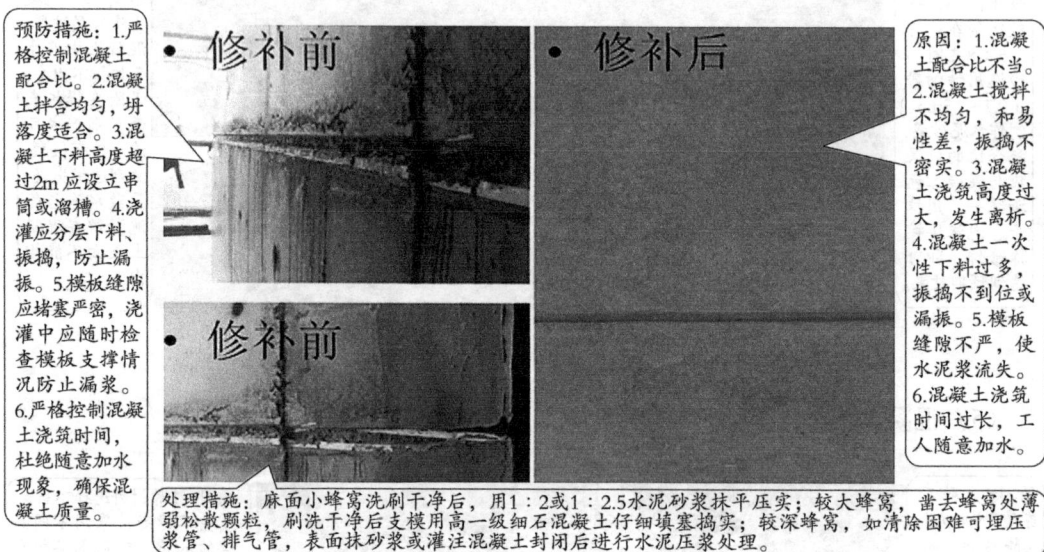

预防措施：1.严格控制混凝土配合比。2.混凝土拌合均匀，坍落度适合。3.混凝土下料高度超过2m应设立串筒或溜槽。4.浇灌应分层下料、振捣，防止漏振。5.模板缝隙应堵塞严密，浇灌中应随时检查模板支撑情况防止漏浆。6.严格控制混凝土浇筑时间，杜绝随意加水现象，确保混凝土质量。

修补前

修补后

修补前

原因：1.混凝土配合比不当。2.混凝土搅拌不均匀，和易性差，振捣不密实。3.混凝土浇筑高度过大，发生离析。4.混凝土一次性下料过多，振捣不到位或漏振。5.模板缝隙不严，使水泥浆流失。6.混凝土浇筑时间过长，工人随意加水。

处理措施：麻面小蜂窝洗刷干净后，用1∶2或1∶2.5水泥砂浆抹平压实；较大蜂窝，凿去蜂窝处薄弱松散颗粒，刷洗干净后支模用高一级细石混凝土仔细填塞捣实；较深蜂窝，如清除困难可埋压浆管、排气管，表面抹砂浆或灌注混凝土封闭后进行水泥压浆处理。

图 3.1-23　蜂窝、麻面

（8）清水混凝土表面污染、腐蚀，如图3.1-24所示。

3.1.5　清水混凝土施工质量检查与验收

1. 外观质量要求

（1）主控项目

清水混凝土的外观不应有《混凝土结构工程施工质量验收规范》GB 50204—2015 中规定的严重缺陷和一般缺陷。对于已经出现的严重缺陷和一般缺陷，应由施工单位提出技术处理方案，经监理（建设）单位、设计单位认可后进行处理。对经处理的部位，应重

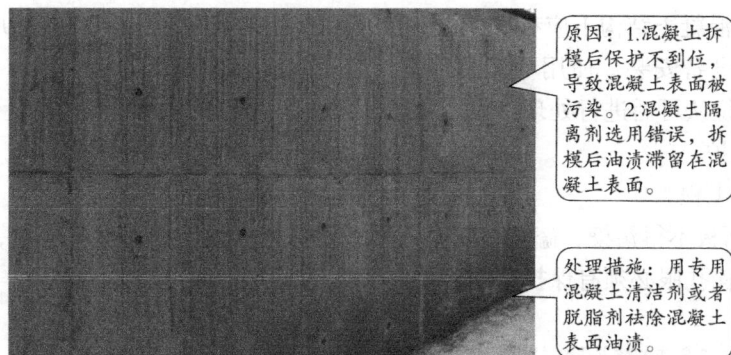

原因：1.混凝土拆模后保护不到位，导致混凝土表面被污染。2.混凝土隔离剂选用错误，拆模后油渍滞留在混凝土表面。

处理措施：用专用混凝土清洁剂或者脱脂剂祛除混凝土表面油渍。

图 3.1-24　清水混凝土表面污染、腐蚀

新进行检查验收。

检验方法：观察，检查技术处理方案。

（2）一般项目

清水混凝土的外观质量，应由监理（建设）单位、设计单位、施工单位对外观观感进行检查，做出记录。应根据清水混凝土的类别，从颜色、修补、气泡、裂缝、光洁度、对拉螺栓孔眼、明缝、蝉缝等表面观感指标进行确定，见表3.1-1所列。

（3）对于只有外观观感指标要求的工程，达不到预定要求的，经设计单位对外观效果确认，能满足设计效果的，可以不进行处理。

清水混凝土外观质量验收　　　　　　　　　　　表 3.1-1

项次	检查项目	普通清水混凝土	饰面清水混凝土	装饰清水混凝土	检验方法	检查数量
1	色泽	色泽基本一致	色泽基本均匀，无明显色差	色泽基本均匀，无明显色差	距离墙面 5m 观察	全数检查
2	修补	少量修补痕迹	基本无修补	基本无修补，图案及装饰片整齐无缺陷	距离墙面 5m 观察	全数检查
3	气泡	气泡分散	气泡分散，最大直径不得大于 8mm，深度 ≤2mm，且每平方米≤20cm²	气泡分散，最大直径≤8mm，深度 ≤2mm，每平方米≤20cm²	距离墙面 5m 观察，尺量	全数检查
4	裂缝	宽度 ≤ 0.2mm 且长度≤1m	宽度 ≤0.2mm 且长度≤1m	宽度≤0.2mm 且长度≤1m	尺量、刻度放大器观察	全数检查
5	光洁度	无明显漏浆、流淌及冲刷痕迹	无明显漏浆、流淌及冲刷痕迹，无油迹、墨迹及锈斑，无粉化物	无明显漏浆、流淌及冲刷痕迹，无油迹、墨迹及锈斑，无粉化物	观察	全数检查
6	对拉螺栓孔眼	—	空洞排列整齐，封堵密实，色泽同墙面一致，凹孔棱角清晰圆润	空洞排列整齐，封堵密实，色泽同墙面一致，凹孔棱角清晰圆润	观察、尺量	全数检查
7	蝉缝	—	位置规律，整齐，深度一致，水平交圈	位置规律、整齐，深度一致，水平交圈，图案及装饰片一致	观察、尺量	全数检查
8	明缝	—	横平竖直，均匀一致，水平交圈，竖向垂直成线	横平竖直，均匀一致，水平交圈，图案及装饰片一致	观察、尺量	全数检查

（4）清水混凝土结构不应有影响结构性能和使用的尺寸偏差，对超过尺寸偏差且影响结构性能和设备安装、使用功能的部位，应由施工单位提出处理方案，监理（建设）单位、设计单位认可后进行处理。对经处理的部位，应重新进行检查验收。

2. 成品保护

（1）模板工程

1）模板面板不得污染、磕碰；胶合板面板切口处必须涂刷两遍封边漆，避免因吸水翘曲变形；螺栓孔眼必须有保护垫圈，如图 3.1-25 所示。

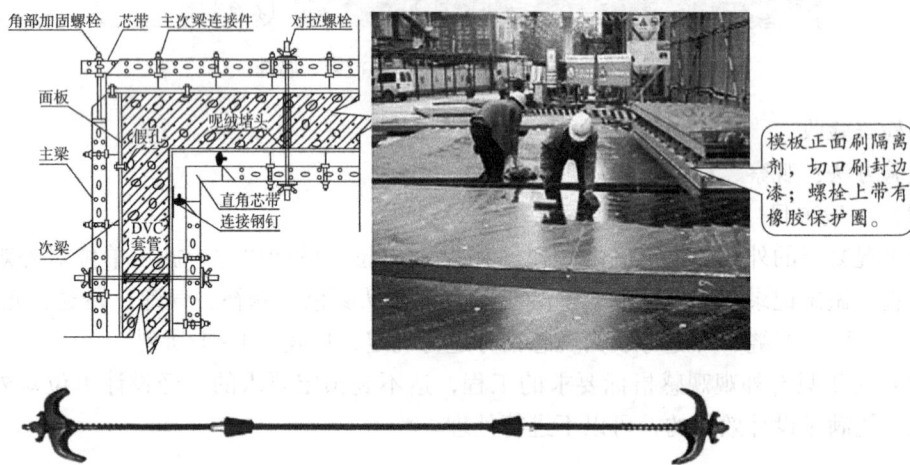

图 3.1-25　模板保护

2）每次吊装前，应检查模板的吊钩是否符合要求，然后检查面板的几何尺寸、模板的拼缝是否严密，背后的龙骨及扣件是否松动，尤其注意检验面板与龙骨连接是否松动，如图 3.1-26 所示。

图 3.1-26　模板吊装

3）成品模板存放于专门制作的钢管架上，且模板必须采用面对面的插板式存放，上面必须覆盖塑料布，存放区做好排水措施，注意防火防潮。

4）模板入模前必须涂刷隔离剂，入模时，先用毛毯隔离钢筋和模板，避免钢筋刮碰面板。

5）模板拆卸应与安装顺序相反，拆模时轻轻将模板撬离墙体，然后整体拆离墙体，严禁直接用撬杠挤压，拆下的模板轻轻吊离墙体。

6）模板拆后及时清理，木模板面板破损处用铁腻子修复，并在修复腻子上刮两遍清漆，以免在混凝土表面留下痕迹；钢模板用棉丝沾养护剂均匀涂擦表面，以便周转。穿墙螺栓、螺母等相关零件也应清理、保养。

（2）钢筋工程

1）钢筋半成品经检查验收合格后，按规格、品种及使用顺序，分类挂牌堆放；存放的环境应干燥，延缓钢筋锈蚀，避免因钢筋浮锈影响清水混凝土表面效果。

2）楼板底筋绑扎完毕后必须先搭设行人通道方可绑扎上筋；严禁在板筋或梁筋上行走；严禁攀爬柱、墙箍筋；埋管、线盒时，严禁任意敲打和割断结构钢筋。

3）泵管必须搭设支架，严禁直接放在梁、板钢筋上；严禁踩在板负筋上振捣。

4）浇筑混凝土时，派专人检查混凝土浇筑过程中钢筋、预埋件以及钢筋保护层的限位卡，发现偏位及时校正。

5）混凝土浇筑完毕后，必须及时清理墙、柱钢筋表面的混凝土。

（3）混凝土工程

1）拆除模板时，不得碰撞混凝土面，不得乱扒乱撬，底模内混凝土应满足强度要求后方可拆模；拆模前，应先退对拉螺栓的两端配件再拆模，拆下的模板应轻拆轻放。

2）混凝土成品应用塑料薄膜封严，以防混凝土表面污染。上层浇筑混凝土时，模板下口设置挡板，避免水泥流浆污染下层混凝土。

3）装饰、安装工程等后续工序不得随意剔凿混凝土结构，如需开洞的，要制定处理方案，并报经设计同意，方可施工。

4）人员可以接触到的部位以及楼梯、预留洞口、柱、门边角，拆模后钉薄木条或粘贴硬塑料条保护。

5）保持清水混凝土表面的清洁，不得做测量标记，禁止乱涂乱画。

6）加强教育，避免人为污染或损坏。

（4）安全保护

清水混凝土施工除应遵守《中华人民共和国安全生产法》、《建筑施工安全检查标准》JCJ 59—2011、《中华人民共和国环境保护法》等国家及地方相关的施工现场安全生产管理规定外，尚应根据施工特点，编制具体的安全环保措施，并做好对操作人员的交底工作。

3.2 防水混凝土

3.2.1 防水混凝土分类及适用范围

防水混凝土的分类一般有：自防水混凝土、水泥砂浆抹面防水混凝土、卷材防水混凝土、涂膜防水混凝土。

1. 自防水混凝土

混凝土结构自防水以混凝土自身的密实性而具有一定防水能力的混凝土或钢筋混凝土结构形式称之为混凝土结构自防水，如图3.2-1所示。

自防水混凝土兼具承重、围护功能，且可满足一定的耐冻融、耐侵蚀要求。

图3.2-1 自防水混凝土

自防水混凝土一般包括：

（1）普通防水混凝土

调整和控制混凝土配合比，以此来提高混凝土的抗渗性。

（2）外加剂防水混凝土

不同的外加剂，其性能、作用各异，应根据工程结构和施工工艺等对防水混凝土的具体要求，选择合适的外加剂。常用的类型有：

1）引气剂防水混凝土

在混凝土拌合物中掺入适量的引气剂，减小混凝土的孔隙率，增加密实度，以达到防水的目的，如图3.2-2所示。

2）减水剂防水混凝土

掺入适量的减水剂，减小混凝土的孔隙率，增加密实度，以达到防水的目的，如图3.2-3所示。

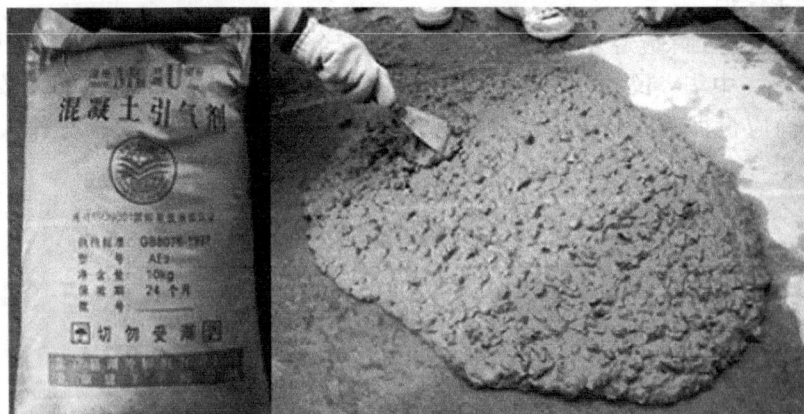

图3.2-2 引气剂

图 3.2 – 3　减水剂

3）三乙醇胺防水混凝土

随拌合水掺入定量的三乙醇胺防水剂，加快水泥的水化作用，使水化生成物增多，水泥石结晶变细，结构密实，因此提高了混凝土的抗渗性。

（3）新型防水混凝土

地下结构的混凝土的抗裂性尤显重要。近年来，纤维抗裂防水混凝土、高性能防水混凝土、聚合物水泥防水混凝土分别以其各自的特性，显著提高了混凝土的密实性和抗裂性，成为新型的防水混凝土，在特种结构中应用广泛。

2. 水泥砂浆抹面防水混凝土

水泥砂浆抹面防水砂浆防水一般称其为抹面防水，它是一种刚性防水层，如图 3.2 – 4所示。

适用于地下工程主体结构的迎水面或背水面。不适用于受持续振动或环境温度高于80℃的地下工程。

图 3.2 – 4　水泥砂浆抹面防水混凝土

水泥砂浆抹面防水混凝土一般包括：

（1）掺防水剂的水泥防水砂浆

在普通水泥砂浆中掺入小分子防水剂，以提高砂浆的水密性和疏水性，达到抗渗的目的。

（2）掺塑化膨胀剂防水砂浆

在普通水泥砂浆中掺入塑化膨胀剂（膨胀剂复合减水剂），减少砂浆拌合用水量，提高了砂浆的密实性；并且在水化反应的早期及中期产生化学自应力作用，补偿砂浆因温度和干、湿度变化等因素引起的收缩，防止砂浆空鼓、开裂，以此达到抗渗的目的。

（3）聚合物水泥防水砂浆

采用特种水泥和改性专用胶乳或粉状聚合物改性水泥两类产品配制砂浆，提高抗折和抗拉强度，达到抗渗的目的。

3. 卷材防水混凝土

卷材防水建筑防水发展趋势表明，地下防水已从单一的刚性防水向刚柔结合的复合防水方向发展。卷材防水层适用于受地下水腐蚀，或受振动作用的地下工程结构，如图 3.2 – 5 所示。

卷材防水层要设在主体结构混凝土迎水面，保护主体结构混凝土不受侵蚀性介质的作用，避免地下水渗入结构混凝土内部，腐蚀钢筋和混凝土。

图 3.2 – 5　卷材防水混凝土工程

地下防水工程一般使用外防水，可分为"外防外贴法"和"外防内贴法"，如图 3.2 – 6 所示。

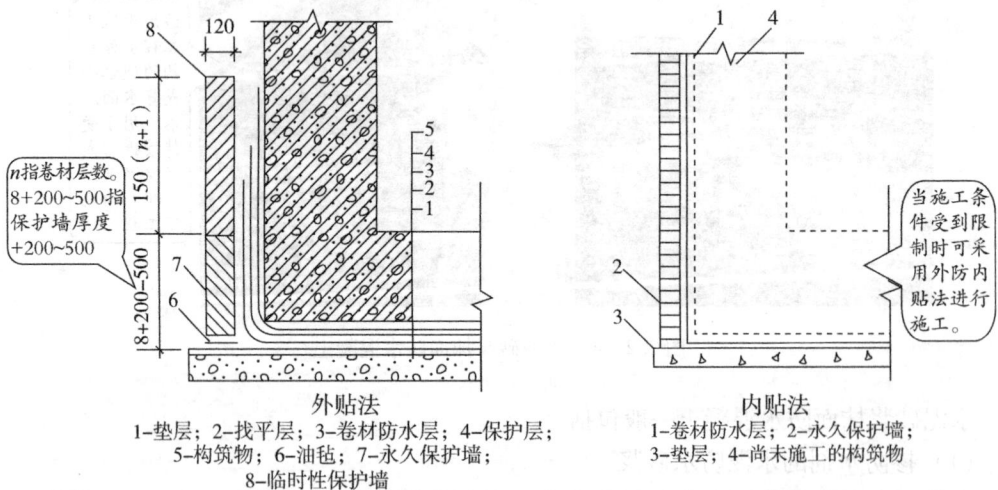

外贴法
1-垫层；2-找平层；3-卷材防水层；4-保护层；
5-构筑物；6-油毡；7-永久保护墙；
8-临时性保护墙

内贴法
1-卷材防水层；2-永久保护墙；
3-垫层；4-尚未施工的构筑物

当施工条件受到限制时可采用外防内贴法进行施工。

图 3.2 – 6　防水做法

卷材防水层的施工做法一般有：冷粘法、自粘法、热熔法、焊接法、机械固定法，如图 3.2 - 7 所示。

热熔法　　　　　　　冷粘法

自粘法　　　　　　　焊接法　　　　　　机械固定法

图 3.2 - 7　卷材施工方法

目前适用于地下工程的防水卷材主要品种如下：

（1）沥青卷材类，如图 3.2 - 8 所示。

1）弹性体改性沥青防水卷材，是以苯乙烯—丁二烯—苯乙烯（SBS）热塑性弹性体作改性剂，聚酯毡或玻纤毡为胎基，两面覆以隔离材料所制成的卷材。

2）塑性体改性沥青防水卷材，是以无规聚丙烯（APP）或聚烯烃类聚合物（APAO、APO）作改性剂，聚酯毡或玻纤毡为胎基，两面覆以隔离材料所制成的建筑防水卷材。

3）改性沥青聚乙烯胎防水卷材，是以高密度聚乙烯膜为胎体，以聚乙烯膜或铝箔为上表面覆盖材料，经滚压、水冷、成型制成的防水材料。具有抗拉强度高、延伸率大、不透水强并可热溶粘结等特点。

（2）合成高分子卷材类，如图 3.2 - 9 所示。

1）硫化橡胶类，如 JL1 三元乙丙橡胶防水卷材、JL2 氯化聚乙烯—橡胶共混防水卷材等。

图 3.2 - 8　沥青卷材　　　　　　　图 3.2 - 9　合成高分子卷材

2）非硫化橡胶类，如 JF3 氯化聚乙烯（CPE）防水卷材等。

3）合成树脂类，如 JS1 聚氯乙烯（PVC）防水卷材等。

4）纤维增强类，如丁基、氯丁橡胶、聚氯乙烯、聚乙烯等产品。

4. 涂膜防水混凝土

防水涂膜（胶粘剂）是以高分子合成材料、沥青等为主体，在常温下呈流态或半流态物质，涂布于基材表面后，经溶剂或水分挥发或各组分间的化学反应，能形成具有一定厚度的弹性连续薄膜，使基材与水隔绝，起到防水、防潮的作用。

防水涂膜特别适合于结构复杂、不规则部位的防水。大多采用冷施工，可人工涂刷或喷涂施工，操作简单、进度快、便于维修，减少了环境污染，改善了劳动条件，如图 3.2 - 10 所示。

随着工程重要性等级的提高和工程建设要求的提高，防水涂膜在地下结构中也得到了广泛的应用。地下结构中主要使用的防水层有：

（1）柔性涂膜防水层

施工方便，在形状复杂的基面和面积窄小的节点均可做涂膜防水层，如图 3.2 - 11 所示。

图 3.2 - 10　防水涂膜　　　　　　　　　　图 3.2 - 11　柔性涂膜防水层

（2）聚氨酯涂膜防水层

只适用于地下室结构"外防外涂"的防水施工做法，不适用于"外防内涂"做法。即聚氨酯涂膜应涂刷在地下室结构外面上，所形成的涂膜防水层能够适应结构变形，如图 3.2 - 12 所示。

聚氨酯涂膜防水材料的防水、延伸及温度适应性能优异，施工简便，在地下工程中得到广泛应用。

图 3.2 - 12　聚氨酯涂膜防水层

（3）水乳型氯丁橡胶沥青防水涂膜

它兼有橡胶和沥青的双重优点，改善了沥青防水涂膜的柔韧性和耐久性，原材料来源广泛，生产工艺简单，成本低，不污染环境，如图3.2-13所示。

（4）刚性涂膜防水层

刚性防水涂膜是以水泥基粉状混合物掺加适量的水调配而成的防水涂膜，如图3.2-14所示。

图3.2-13 水乳型氯丁橡胶沥青防水涂膜施工　　图3.2-14 刚性涂膜防水层施工

（5）渗透结晶水泥基涂膜防水层

水泥基渗透结晶型防水涂膜是以硅胶盐类水泥、石英砂等为基材，掺入活性化学物质组成的刚性防水涂层材料，如图3.2-15所示。

防水材料应严格按有关规范进行选材，根据具体工程的结构特点、使用部位及环境条件要求，依据技术可行、经济合理的原则合理选用各种防水材料。

防水混凝土适用于建筑工程、防护工程、市政隧道、地下铁道等地下防水工程，如图3.2-16所示。

图3.2-15 水泥基渗透结晶型防水涂膜施工

3.2.2 防水混凝土的材料要求

防水混凝土的原材料、外加剂及预埋件必须符合设计要求和施工规范有关标准的规定，检查出厂合格证、试验报告。

采用普通防水混凝土时，水泥强度等级不应低于42.5级；宜采用中砂，含泥量不得大于3.0%，泥块含量不得大于1.0%；粉煤灰的级别不应低于二级，掺量不宜大于20%。

石子宜用卵石，最大粒径不宜大

图3.2-16 防水混凝土工程

于 40 mm，含泥量不大于 1%，吸水率不大于 1.5%。

粗、细骨料的含泥量多少，直接影响防水混凝土的质量，尤其对混凝土抗渗性影响较大。特别是黏土块，其体积不稳定，干燥时收缩、潮湿时膨胀，对混凝土有较大的破坏作用，必须严格控制含泥量。

防水混凝土的用水必须经过检测，不应含有影响混凝土防水性能的有害物质，宜用饮用水或洁净水。

外加剂对提高防水混凝土的质量极有好处，其性能应符合行业标准《混凝土膨胀剂》GB 23439—2009，其掺量应符合设计要求及有关的规定，与其他外加剂混合使用时，应经试验试配后使用。

3.2.3 防水混凝土施工工艺及要求

1. 施工工艺流程

（1）自防水混凝土

作业准备→混凝土搅拌→混凝土运输→混凝土浇筑→混凝土收面→混凝土养护。

（2）水泥砂浆抹面防水混凝土

基层处理→冲洗湿润→刷素水泥浆→抹底层砂浆→素水泥浆→抹面层砂浆→刷素水泥浆→养护。

（3）卷材防水混凝土

基层处理→涂刷基层处理剂→附加层施工→铺贴卷材防水层→热熔封边→验收（有蓄水试验要求的工程在验收前做蓄水试验）。

（4）涂膜防水混凝土

基层处理→涂刷底胶→细部附加层施工→第一层涂膜施工→第二层涂膜施工→第三层涂膜施工→验收（有蓄水试验要求的工程在验收前做蓄水试验）。

2. 工艺要求

（1）自防水混凝土

自防水混凝土除材料符合防水混凝土材料要求外，其作业条件还应满足：

1）现场搅拌坍落度控制在 6～8cm，泵送商品混凝土坍落度控制在 14～16cm。

2）运输：混凝土运输供应保持连续均衡，间隔不应超过 1.5h，夏季或运距较远可适当掺入缓凝剂。运输后如出现离析，浇筑前进行二次拌合。

3）墙体水平施工缝留在高出底板表面不少于 300mm 的墙体上，墙体如有孔洞，施工缝距孔洞边缘不宜少于 300mm，如图 3.2－17 所示。

4）在施工缝上浇筑混凝土前，应将混凝土表面凿毛，清除杂物，冲洗干净并湿润，再铺一层 3～5cm 厚水泥砂浆，浇筑顺序严格按施工方案规定的顺序分段分层连续进行浇筑。浇筑层高度应根据混凝土供应能力，一次浇筑方量，使用插入式振动器时每层厚度不大于 50cm，根据混凝土初凝时间、结构特点、钢筋疏密综合考虑决定，一般为振动器作用部分长度的 1.25 倍。大体积混凝土不得超过 500mm。插入式振动器如图 3.2－18 所示。

5）混凝土自吊斗口下落的自由倾落高度不得超过 2m，防止下落的混凝土离析，浇筑高度如超过 3m 时必须采取措施，用串筒或溜管等，如图 3.2－19 所示。

图 3.2-17 水平施工缝

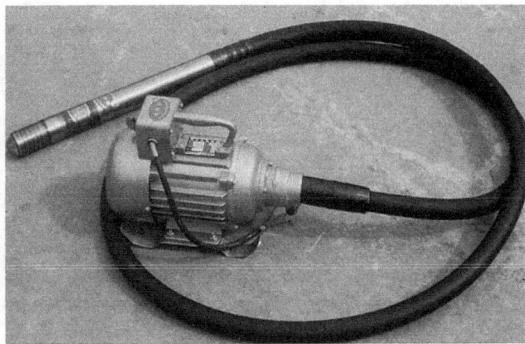

图 3.2-18 插入式振动器

6）使用插入式振动器应快插慢拔，插点要均匀排列，逐点移动，顺序进行，不得遗漏，做到均匀振实。移动间距不大于振捣作用半径的 1.5 倍（一般为 20~30cm）。振捣上一层时应插入下层 5~10cm，以使两层混凝土结合牢固。表面振动器或平板振动器的移动间距，应保证振动器的平板覆盖已振实部分的边缘。振动器使用时，振动器距离模板不应大于振动器作用半径的 0.5 倍，且不宜紧靠模板。平板振动器如图 3.2-20 所示。

图 3.2-19 溜槽浇筑混凝土

图 3.2-20 平板振动器

7）浇筑混凝土时应经常观察模板、钢筋、预留孔洞、预埋件和插筋等有无移动、变形或堵塞情况，发现问题应立即处理，并应在已浇筑的混凝土初凝前修正完好。

8）柱子混凝土应一次浇筑完毕，如需留施工缝时应留在主梁下面。无梁楼板应留在柱帽下面。

9）养护：常温（20~25℃）浇筑后 6~10h 苫盖浇水养护，要保持混凝土表面湿润，养护不少于 14d。

10）冬期施工：混凝土入模温度不低于 5℃，采用综合蓄热法、蓄热法、暖棚法等养护方法保温养护，冬期施工掺入的防冻剂应选用经认证的产品，如图 3.2-21~图 3.2-24 所示。

图 3.2-21 综合蓄热法养护

图 3.2－22 蓄热法养护

图 3.2－23 暖棚法养护

图 3.2－24 混凝土防冻剂

（2）水泥砂浆抹面防水混凝土

水泥砂浆抹面防水混凝土施工要求应满足：

1）基层清理：基层清理干净彻底，基层表面的孔洞、缝隙用与防水层相同的砂浆堵塞压实抹平，使基层表面平整、坚实、粗糙、清洁，并充分润湿，无积水，如图 3.2－25 所示。

2）施工前应将预埋件、穿墙管预留凹槽内嵌填密封材料后，再施工防水砂浆。

3）刷素水泥浆：根据配合比将材料拌合均匀，在基层表面涂刷均匀，随即抹底层砂浆。

4）抹底层砂浆：按配合比调制砂浆搅拌均匀后进行抹灰操作，底灰抹灰厚度为 5～10mm，在砂浆凝固之前用扫帚扫毛。

5）刷素水泥浆：抹完底层砂浆 1～2d，再刷素水泥砂浆，做法与第一层同。

6）抹面层砂浆：刷完素水泥浆后，紧接着抹面层砂浆，配合比同底层砂浆，抹灰厚度在 5～10mm 左右，抹灰方向宜与第一层垂直，先用木抹子搓平，后用铁抹子

图 3.2－25 基层清理

压实、压光。

7）刷素水泥浆：面层抹灰 1d 后，刷素水泥浆，做法与第一层同。

8）普通水泥砂浆防水层终凝后应及时养护，养护温度不宜低于 5°，并保持湿润，养护时间不得少于 14d。

9）聚合物水泥砂浆防水层未达到硬化状态时，不得浇水养护或直接受雨水冲刷，硬化后应采用干湿交替的养护方法。在潮湿环境中，可在自然条件下养护。

（3）卷材防水混凝土

1）基层处理：基层表面要求平整、牢固、干净、无明水、无渗漏、无凹凸不平和裂纹等缺陷，当出现开裂及空鼓现象时，应进行修补，施工前应将阴阳角、管根、地漏等细部薄弱处做成圆弧角，如图 3.2 - 26 所示。

2）涂刷基层处理剂：基层处理剂一般为溶剂型橡胶改性沥青胶粘剂。将基层处理剂均匀涂刷在基层，要求厚薄均匀，形成一层整体防水层，如图 3.2 - 27 所示。

图 3.2 - 26　阴角成圆弧角　　　　　图 3.2 - 27　基层处理剂涂刷

3）铺贴附加层卷材：基层处理剂干燥后，按设计要求在构造节点部位铺贴附加层卷材，根据工程实际，必须放线时，放线施工，如图 3.2 - 28 所示。

4）热熔铺贴大面防水卷材，将卷材定位后，重新卷好，喷灯烘烤底面与基层的交接处，使卷材底面的沥青熔化，边加热边向前滚动卷材，并用压辊滚压，使卷材与基层粘结牢固，应注意调节火焰的大小和移动速度，以卷材表层刚刚熔化为好（此时沥青的温度在 200~230℃之间），火焰喷枪与卷材的距离为 0.3m 左右。若火焰太大或距离太近，会烤透卷材，造成粘连打不开卷，若火焰小或距离远，卷材表层熔化不够，与基层粘结不牢，如图 3.2 - 29 所示。

5）第一层 SBS 改性沥青防水卷材热熔卷材铺贴完后进行热熔封边，用抹子或开刀将接缝处熔化的沥青抹平压实，要求无翘边、开缝等现象。

6）第一层 SBS 改性沥青防水卷材铺贴完毕和热熔封边后，开始铺贴第二层 SBS 改性沥青防水卷材（带页岩），技术要求与第一层防水卷材一样，如图 3.2 - 30 所示。

7）卷材末端收头处理：用喷枪火焰烘烤末端收头卷材和基层，再用铁抹自抹压服贴，然后用金属条钉等固定，用密封材料密封，如图 3.2 - 31 所示。

（4）涂膜防水混凝土

1）基层要求及处理：基层清理必须干净、干燥、平整，对阴阳角、管道根部、地漏和

图 3.2 - 28 附加层施工

图 3.2 - 29 卷材热熔

图 3.2 - 30 页岩卷材

图 3.2 - 31 收头处理

排水沟口等部位更应认真清理，如发现有油污、铁锈等，要用钢丝刷、砂纸和有机溶剂等将其彻底清除干净。涂刷底胶均匀密实，无遗漏。

2）第一遍涂层施工：在底胶基本干燥固化后，用塑料或橡胶刮板均匀涂刮一层涂膜，涂刮时要求均匀一致，涂刮厚度根据所选涂膜材料的具体要求选择。开始涂刮时，应根据施工面积大小、形状和用料，统一考虑施工退路和涂刮顺序。

3）第二遍涂层施工：在第一遍涂层基本固化后，再在其表面涂刮第二遍涂层，涂刮方法同第一遍涂层。涂刮的方向必须与第一层的涂刮方向垂直。重涂时间的间隔，由施工时的温度和涂膜固化的程度（以手触不粘）来确定。

4）在第二遍涂膜固化后，再按上述方法涂刮第三遍涂膜。

3.2.4　防水混凝土质量控制要点

1. 自防水混凝土质量控制要点

（1）混凝土浇筑：应连续浇筑，宜不留或少留施工缝。

（2）底板一般按设计要求不留施工缝或留在后浇带上，如图 3.2 - 32 所示。

（3）浇筑混凝土应连续进行。如必须间歇，其间歇时间应尽量缩短，并应在前层混凝土初凝之前，将本层混凝土浇筑完毕。间歇的最长时间应按所用水泥品种、气温及混凝土凝结条件确定，一般冬季不超过 1.5h，夏季不超过 1h。

（4）每次插入振捣的时间为 20~30s 左右，以混凝土不再显著下沉、不出现气泡、表面泛浆时为准；振捣时间不宜过久，防止砂与水泥浆分离，石子下沉，并在混凝土表面形

图 3.2 - 32　施工缝与后浇带

成砂层，影响混凝土质量。

（5）三不靠：振捣时不要碰到模板、钢筋、预埋件，在模板附近振捣时，应同时轻轻敲击模板，在钢筋密集处和模板边角处，应配合使用钢筋棍捣实。

（6）防水混凝土的抗渗等级和强度必须符合设计要求，检查配合比及试块试验报告。连续浇筑混凝土，每 500m³ 应留置一组抗渗试件（一组为 6 个抗渗试件），且每项工程不得少于两组，一组标养，一组同条件养护，养护期 28d。采用预拌混凝土的抗渗试件，留置组数应视结构的规模和要求而定，如图 3.2 - 33、图 3.2 - 34 所示。

图 3.2 - 33　试块标养

图 3.2 - 34　试块同条件养护

（7）混凝土浇筑时严禁在混凝土内任意加水，严格控制水灰比，水灰比过大将影响 UEA 补偿收缩混凝土的膨胀率，直接影响补偿收缩及减少收缩裂缝的效果。

（8）细部构造处理是防水的薄弱环节，施工前应审核图纸，特殊部位如变形缝、施工缝、穿墙管、预埋件等细部要精心处理，如图 3.2 - 35 所示。

（9）后浇带一般待混凝土浇筑 2 个月后，应以原设计混凝土等级提高一级的 UEA 补偿收缩混凝土浇筑，浇筑前接槎处要清理干净，养护 28d，如图 3.2 - 36 所示。

2. 水泥砂浆抹面防水混凝土质量控制要点

（1）抹灰程序宜先抹立面后抹地面，分层铺抹或喷刷，铺抹时压实抹干和表面压光。

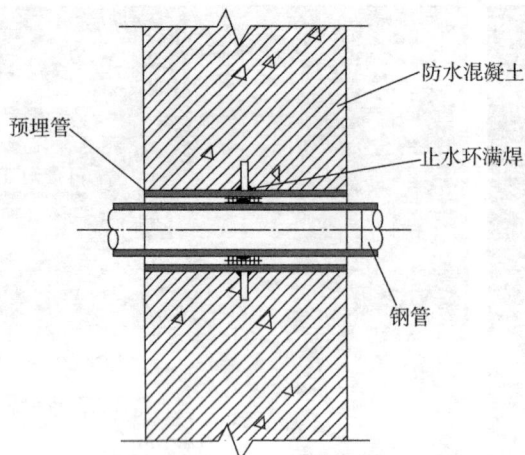

图 3.2－35　细部构造

图 3.2－36　后浇带浇筑

（2）防水各层应紧密结合，每层宜连续施工，必须留施工缝时应采用阶梯形槎，但离开阴阳角处不得小于 200mm，如图 3.2－37 所示。

（3）防水层阴阳角应做成圆弧形，掺入聚合物时要计量准确，拌合、分散均匀且在 1h 内用完，如图 3.2－38 所示。

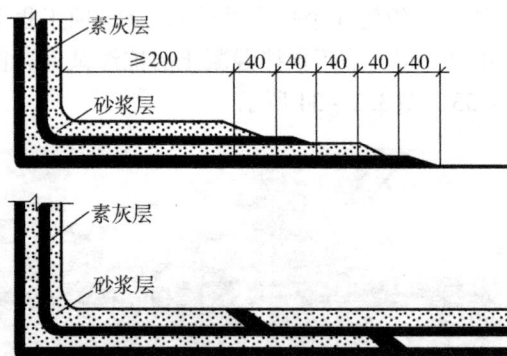

图 3.2－37　接槎

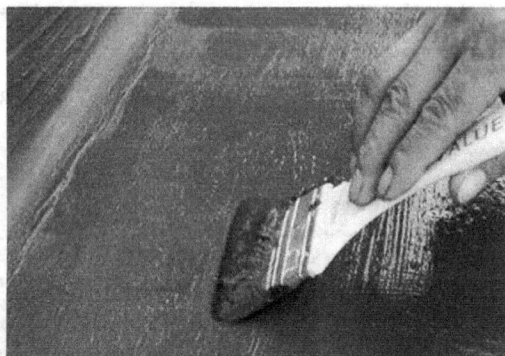

图 3.2－38　阴角处理

3. 卷材防水混凝土质量控制要点

（1）卷材防水施工细部结构和接点是防水的关键，所以，其做法必须符合设计要求和规范的规定。

（2）卷材铺贴方法、方向和搭接顺序应符合规定，搭接宽度应正确，卷材与基层、卷材与卷材之间粘结应牢固，接缝缝口、节点部位密封应严密，不得皱折、鼓包、翘边，如图 3.2－39 所示。

（3）卷材防水层严禁在雨天、雪天，以及五级风以上的条件下施工。

（4）卷材防水层所用基层处理剂、胶粘剂、密封材料等配套材料，均应与铺贴的卷材材性相容。

（5）卷材防水层所用原材料必须有出厂合格证，复验其主要物理性能必须符合规范规定。

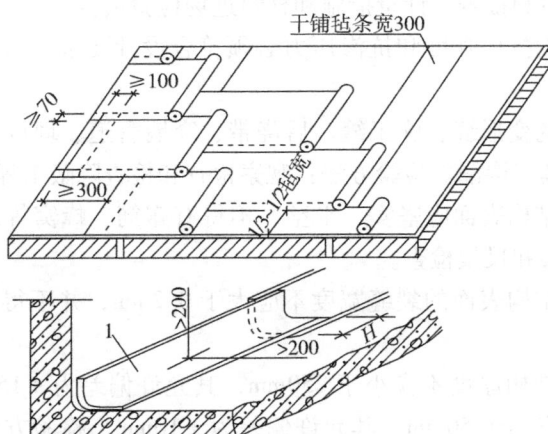

图 3.2 - 39　阴角附加卷材铺贴方法示意图

1—附加卷材，*H*—搭接宽度

4. 涂膜防水混凝土质量控制要点

（1）涂膜防水层分层施工过程中或全部涂膜施工完毕，未等涂膜固化前禁止上人操作，防止破坏膜层，影响防水效果。

（2）材料搅拌方式及搅拌时间满足使材料拌合均匀的要求；不得有颗粒块料出现，防止影响防水效果。

（3）基层必须洁净、干燥，收头工作要细致，密封良好，防止底层涂膜粘结力不强等造成翘边，影响后期防水效果。

（4）对伸缩缝、控制缝、阴阳角、管道缝等处，可先附加一层加筋布增强，固化后再进行整体防水施工，如图 3.2 - 40 所示。

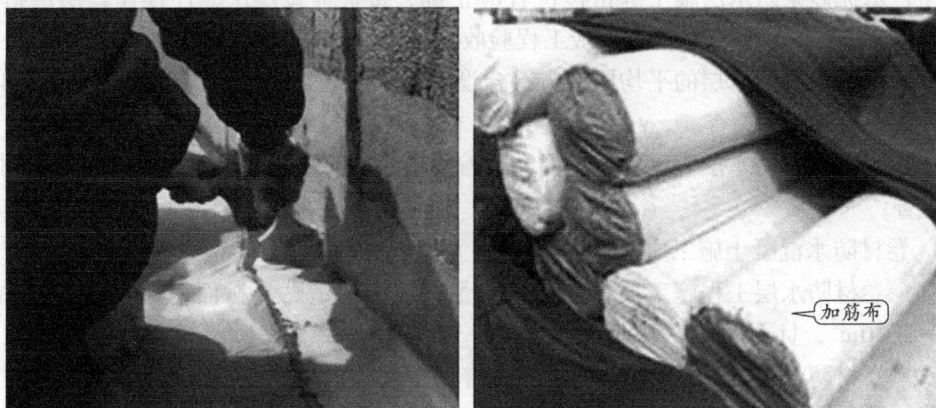

图 3.2 - 40　细部施工

3.2.5　防水混凝土施工质量检查与验收

1. 自防水混凝土施工质量检查与验收

（1）防水混凝土的原材料、配合比及坍落度必须符合设计要求。检验方法：检查产品合格证、产品性能检测报告、计量措施和材料进场检验报告。

（2）防水混凝土的抗压强度和抗渗压力必须符合设计要求。检验方法：检查混凝土抗压、抗渗试验报告。

（3）防水混凝土的变形缝、施工缝、后浇带、穿墙管道、埋设件等设备和构造，均须符合设计要求，严禁有渗漏。检验方法：观察检查和检查隐蔽工程验收记录。

（4）防水混凝土结构表面应坚实、平整，不得有露筋、蜂窝等缺陷；埋设件位置应正确。检验方法：观察和尺量检查。

（5）防水混凝土结构表面的裂缝宽度不应大于 0.2mm，并不得贯通。检验方法：用刻度放大镜检查。

（6）防水混凝土结构厚度不应小于 250mm，其允许偏差为 +15mm，-10mm；迎水面钢筋保护层厚度不应小于 50mm，其允许偏差为 ±10mm。检验方法：尺量检查和检查隐蔽工程验收记录。

2. 水泥砂浆抹面防水混凝土施工质量检查与验收

（1）水泥砂浆防水层分项工程检验批的抽样检验数量，应按施工面积每 $100m^2$ 抽查 1 处，每处 $10m^2$，且不得少于 3 处。

（2）防水砂浆的原材料及配合比必须符合设计规定。检验方法：检查产品合格证、产品性能检测报告、计量措施和材料进场检验报告。

（3）防水砂浆的粘结强度和抗渗性能必须符合设计规定。检验方法：检查砂浆粘结强度、抗渗性能检测报告。

（4）水泥砂浆防水层与基层之间应结合牢固，无空鼓现象。检验方法：观察和用小锤轻击检查。

（5）水泥砂浆防水层表面应密实、平整，不得有裂纹、起砂、麻面等缺陷。检验方法：观察检查。

（6）水泥砂浆防水层施工缝留槎位置应正确，接槎应按层次顺序操作，层层搭接紧密。检验方法：观察检查和检查隐蔽工程验收记录。

（7）水泥砂浆防水层的平均厚度应符合设计要求，最小厚度不得小于设计值的 85%。检验方法：用针测法检查。

（8）水泥砂浆防水层表面平整度的允许偏差应为 5mm。检验方法：用 2m 靠尺和楔形塞尺检查。

3. 卷材防水混凝土施工质量检查与验收

（1）卷材防水层工程施工质量的检验数量，应按所铺贴卷材面积的 1/10 进行抽查，每处检查 $10m^2$，且不得少于 3 处。

（2）卷材防水层所用卷材及主要配套材料必须符合设计要求。检验方法：检查产品合格证、产品性能检测报告、计量措施和材料进场检验报告。

（3）卷材防水层应采用高聚物改性沥青防水卷材和合成高分子防水卷材。高聚物改性沥青防水卷材应符合国家标准《弹性体改性沥青防水卷材》GB 18242—2008、《塑性体改性沥青防水卷材》GB 18243—2008 和行业标准《改性沥青聚乙烯胎防水卷材》GB 18967—2009 的要求。

（4）卷材防水层及其转角处、变形缝、穿墙管道等细部做法均须符合设计要求。检验方法：观察检查和检查隐蔽工程验收记录。

（5）卷材防水层的基层应牢固，基面应洁净、平整，不得有空鼓、松动、起砂和脱皮现象；基层阴阳角处应做成圆弧形。检验方法：观察检查和检查隐蔽工程验收记录。

（6）卷材防水层的搭接缝应粘（焊）接牢固，密封严密，不得有皱折、翘边和鼓泡等缺陷。检验方法：观察检查。

（7）侧墙卷材防水层的保护层与防水层应粘结牢固，结合紧密、厚度均匀一致。检验方法：观察检查。

（8）卷材搭接宽度的允许偏差为 -10 mm。检验方法：观察和尺量检查。

4. 涂膜防水混凝土施工质量检查与验收

（1）涂料防水层的施工质量检验数量，应按涂层面积每 $100m^2$ 抽查 1 处，每处 $10m^2$，且不得少于 3 处。涂料防水层工程施工质量的检验数量，应按涂刷涂料面积的 1/10 进行抽查，每处检查 $10m^2$，且不得少于 3 处。

（2）涂料防水层所用材料及配合比必须符合设计要求。检验方法：检查出厂合格证、产品性能检测报告、计量措施和进场检验报告。

对防水涂料的四个要求：一是要有可操作时间，操作时间越短的涂料将不利于大面积防水涂料施工；二是要有一定的粘结强度，特别是在潮湿基面（即基面饱和但无渗漏水）上有一定的粘结强度；三是防水涂料必须具有一定厚度，才能保证防水功能；四是涂膜应具有一定的抗渗性。

（3）涂料防水层及其转角处、变形缝、穿墙管道等细部做法均须符合设计要求。检验方法：观察检查和检查隐蔽工程验收记录。

（4）涂料防水层的基层应牢固，基面应洁净、平整，不得有空鼓、松动、起砂和脱皮现象；基层阴阳角处应做成圆弧形。检验方法：观察检查和检查隐蔽工程验收记录。

（5）涂料防水层应与基层粘结牢固，表面平整、涂刷均匀，不得有流淌、皱折、鼓泡、露胎体和翘边等缺陷。检验方法：观察检查。

（6）涂料防水层的平均厚度应符合设计要求，最小厚度不得小于设计厚度的 80%。检验方法：针测法或割取 $20mm \times 20mm$ 实样用卡尺测量。

地下工程涂料防水层涂膜厚度一般都不小于 2mm，如一次涂成，会使涂膜内外收缩和干燥时间不一致而造成开裂；如前层未干而涂后层，则高部位涂料就会下淌并且越淌越薄，低处又会堆积起皱，防水工程质量难以保证。

（7）侧墙涂料防水层的保护层与防水层粘结牢固，结合紧密，厚度均匀一致。检验方法：观察检查。

3.3　喷射混凝土施工

3.3.1　喷射混凝土的定义及适用范围

1. 定义

利用压缩空气或其他动力，将按一定配合比拌制的混凝土混合物沿管路输送至喷头处，以较高速度垂直喷射于受喷面，依赖喷射过程中水泥与骨料的连续撞击、压密而形成的一种混凝土，如图 3.3 - 1 所示。

2. 适用范围

喷射混凝土本适用于矿山井巷、交通隧道、水工隧洞和各类洞室等地下工程锚喷支护的设计与施工，也适用于各类岩土边坡锚喷支护的施工，如图 3.3 - 2 所示。

图 3.3 - 1　喷射混凝土　　　　　　　图 3.3 - 2　喷射混凝土的应用范围

这里主要介绍房屋建筑工程所涉及的喷射混凝土工程施工。

3.3.2　喷射混凝土的材料要求

（1）水泥：应优先选用硅酸盐水泥或普通硅酸盐水泥，也可采用矿渣硅酸盐水泥或火山灰质硅酸盐水泥；必要时采用特种水泥。在软弱围岩中宜选用早强水泥。水泥强度等级不应低于 32.5MPa，使用前应做强度复醒试验。

（2）砂：应采用硬质洁净的中砂或粗砂，细砂会增加喷射混凝土的干缩变形，细度模数宜大于 2.5，含泥量不得大于 3%，使用前应一律过筛。干法喷射时，砂含水率宜控制在 5% ~ 7%；采用防粘料喷射机时，砂含水率可为 7% ~ 10%。

（3）石子：应采用坚硬耐久的卵石或碎石，粒径不应大于 15mm，钢纤维喷射混凝土的碎石粒不应大于 10mm，且级配良好。采用卵石因其光滑干净，对喷射机和输料管路磨损少，故有利于远距离输料和减少堵管故障；碎石混凝土比卵石混凝土强度高，喷射作业中回弹率也较低，但碎石有棱角，表面粗糙，对喷射机和输料管路磨损严重，应尽量少用。当使用碱性速凝剂时，石料不得含活性二氧化硅。

（4）水：凡能饮用的自来水及洁净的天然水都可以作为喷射混凝土混合用水，当采用混合水时，水质应符合工程用水的有关标准，水中不得含有影响水泥正常凝结与硬化的有害杂质。

（5）采用钢纤维喷射混凝土时，其钢纤维可用普通碳素钢，其抗拉强度不得低于 308MPa，且不得有油渍及明显的锈蚀，钢纤维直径宜为 0.3 ~ 0.5mm，长度宜为 20 ~ 25mm，且不得大于 25mm。钢纤维含量宜为混合料质量的 3% ~ 6%。钢纤维喷射混凝土强度等级不应低于 C20。

（6）速凝剂：速凝剂按成分可分为两类，一类是以铝酸盐和碳酸盐为主，再复合一些其他无机盐类组成；另一类则以水玻璃为主要成分，再与其他无机盐类复合组成。按形状又可分为粉状和液状两类。

必须采用质量合格的产品，使用前应做与水泥的相容性试验及水泥净浆凝结效果试验。要求初凝不超过5min，终凝不超过10min。速凝剂掺量应根据水泥性能、相容性试验、施工现场环境温度、速凝剂出厂说明书要求进行水泥净浆凝结试验，决定最佳掺量，一般约为水泥重量的2.5%~4.0%。

在采用其他类型的外加剂或几种外加剂复合使用时，也应做相应的性能试验和使用效果试验。

（7）配合比

由于喷射混凝土施工工艺的特点，在选择喷射混凝土配合比时，既要满足支护结构对喷射混凝土的物理力学性能方面的要求，又要考虑喷射混凝土施工工艺方面的要求，使喷射混凝土具有足够的抗压、抗拉、粘结强度，还要使喷射混凝土收缩变形值保持最小，喷射作业时的回弹率也最低。

一般喷射混凝土混合料的配合比如下：

水泥与砂石重量比为1:4~1:4.5，砂率宜为45%~55%；水灰比宜为0.04~0.45；速凝剂掺量应根据产品性能通过实验确定。

喷浆施工时，水泥与砂重量比为1:2~1:3，水灰比为0.4~0.55。喷射混凝土时，水泥:砂:石子为1:2:2~1:2.5:2，初喷时可适当减少石子掺量，水灰比为0.4~0.5。

具体到某一项工程，喷射混凝土的配合比需根据工程特点、材料种类、设计要求等进行具体选择设计。

3.3.3 喷射混凝土的设备及要求

1. 喷射混凝土的设备

目前工程中用到的喷射混凝土施工设备主要有混凝土喷射机组与混凝土喷射机，如图3.3-3、图3.3-4所示。

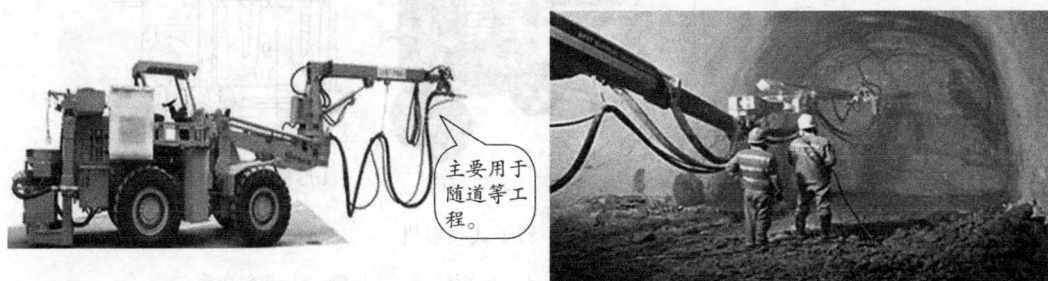

图3.3-3 混凝土喷射机组

喷射混凝土施工方法的分类有：

按喷射工艺分：干式喷射、潮式喷射、湿式喷射、裹砂法喷射。

按混凝土组分：一般喷射、纤维增强喷射。

（1）干（潮）式喷射机

1）转子式喷射机

原理：在立式转子上，周围开有许多料孔，转子在转动过程中，当料孔对准上部贮料特点：采用整体式弹性料杯、弹性不粘料弯头、整体式清扫板。转子料杯与出料弯头具有自清洗作用，不粘结，不堵塞，不需要清理。平均回弹率≤15%，具有结构简单可靠、效率高、易装拆、喷嘴出料均匀、易损件寿命长等特点。

主要用于房屋建筑工程。

图 3.3－4　混凝土喷射机

器的卸料口时，就向料孔加料，当料孔对准出风口时，则压缩空气就把拌合料压送到输送管中。

　　分类：直筒料孔式、U 形料孔式通料斗，如图 3.3－5 所示。

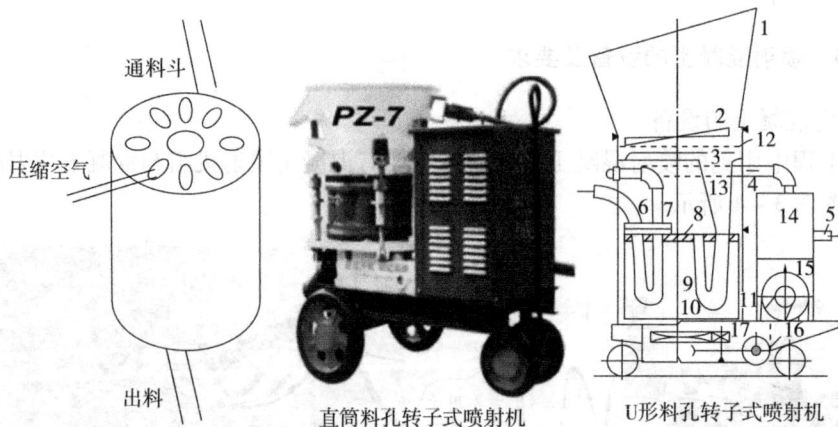

通料斗

压缩空气

出料

直筒料孔转子式喷射机

U形料孔转子式喷射机

图 3.3－5　转子式喷射机

1—贮料斗；2—搅拌器；3—配料器；4—上壳体；5—进风管；6—出料弯管；
7—橡胶密封板；8—衬板；9—传动轴；10—转子；11—下壳体；12—定量隔板；
13—下料斗；14—油水分离器；15—电动机；16—三角皮带；17—涡轮、齿轮箱

　　2）螺旋式混凝土喷射机，如图 3.3－6 所示。
　　3）鼓轮式混凝土喷射机，如图 3.3－7 所示。
　　（2）湿式喷射机
　　湿式喷射机是把已加水拌合好的混凝土经喷射机压送至喷射嘴，又受压缩空气作用而进行喷射的设备，如图 3.3－8 所示。

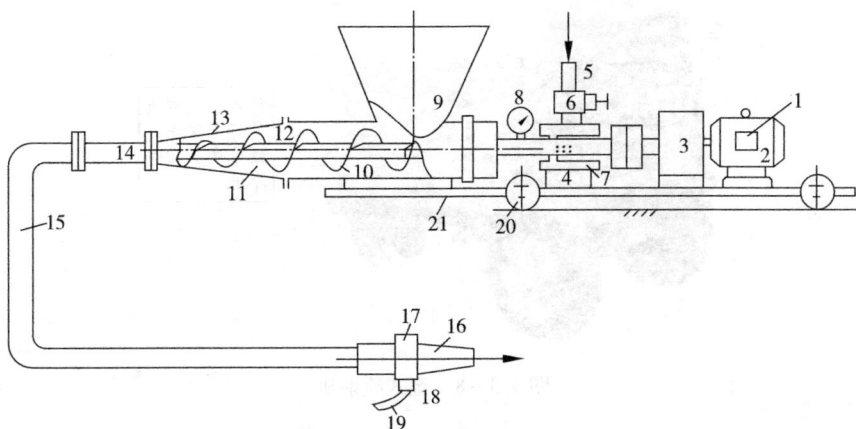

图 3.3 - 6　螺旋式混凝土喷射机

1—接线盒；2—电动机；3—减速器；4—轴承座；5—压风管；6—风门；
7—接风管座；8—压力表；9—加料斗；10—平直螺旋；11—锥形螺旋；
12—螺旋轴；13—锥形壳体；14—接管；15—橡胶软管；16—喷嘴；
17—混合室；18—水阀；19—把手；20—车轮；21—底座

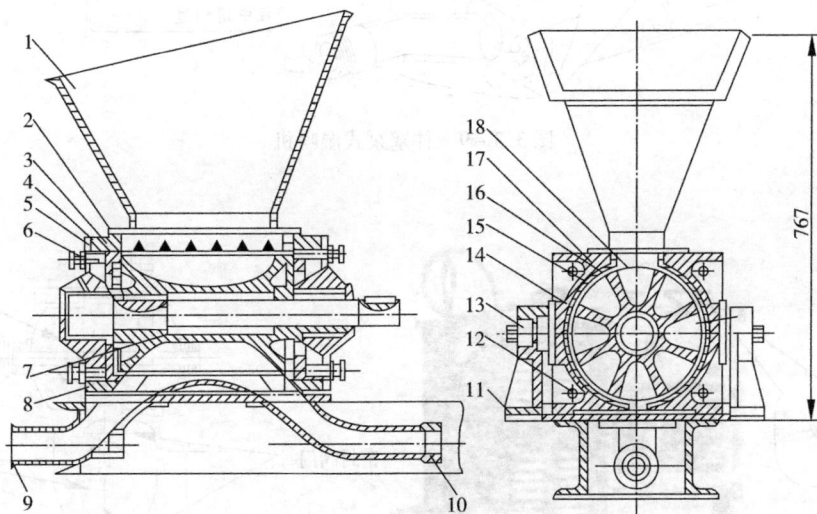

图 3.3 - 7　鼓轮式混凝土喷射机

1—贮料斗；2—端面密封环；3—端环；4—压紧环；5—端盖；6—调节螺栓；
7—鼓轮；8—轴承座；9—卸料弯头；10—进风弯头；11—支架；
12—拉杆；13—丝杠；14—衬条；15—衬板；16—弹性衬垫；
17—壳体；18—齿条筛

特点：搅拌质量好、环保、效率高、回弹率低。

图 3.3 - 8 湿式喷射机

湿式喷射机分为泵送型湿式喷射机、气动型湿式喷射机，如图 3.3 - 9、图 3.3 - 10 所示。

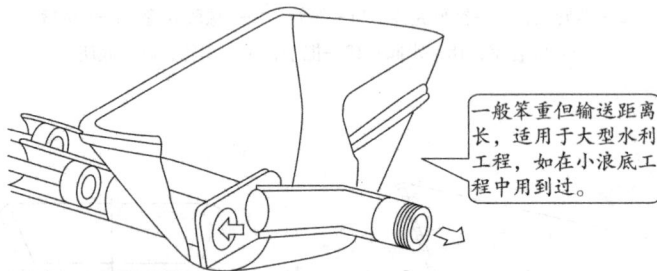

一般笨重但输送距离长，适用于大型水利工程，如在小浪底工程中用到过。

图 3.3 - 9 柱塞泵式湿喷机

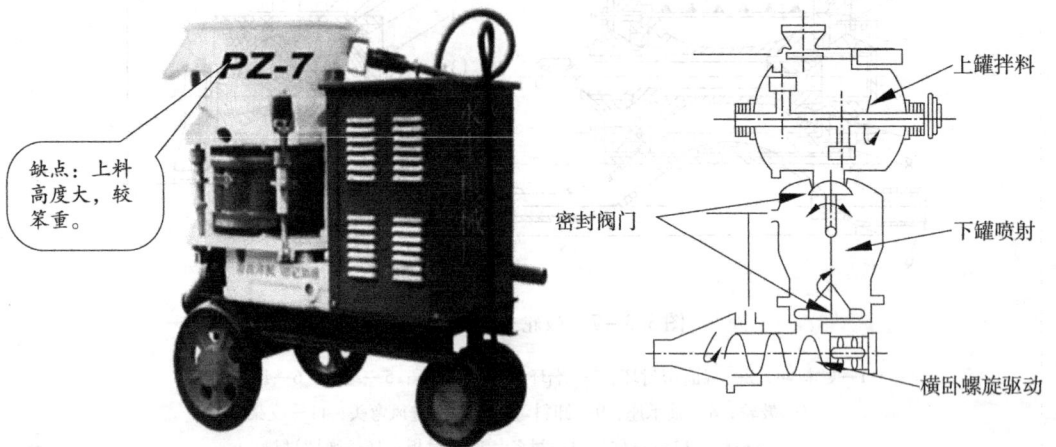

缺点：上料高度大，较笨重。

上罐拌料

密封阀门

下罐喷射

横卧螺旋驱动

图 3.3 - 10 气动式湿喷机

2. 喷射混凝土设备工作原理

（1）正压式，如图 3.3－11 所示。

（2）负压式，如图 3.3－12 所示。

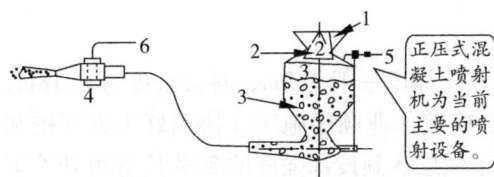

图 3.3－11　正压式喷射机

1—贮料斗；2—钟形阀；3—吹送室；4—喷嘴；
5—压气；6—压力水

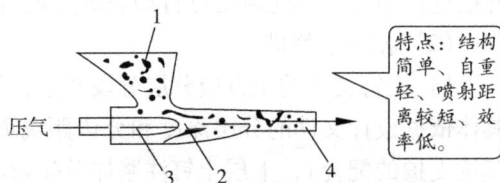

图 3.3－12　负压式喷射机

1—贮料斗；2—吹送室；3—压气喷；
4—混凝土拌合料喷嘴

3. 喷射混凝土的设备要求

（1）干法喷射混凝土对设备的要求

1）密封性能良好，输料连续均匀。

2）生产率（混合料）为 3～5m³/h，允许输送骨料的最大粒径为 25mm。

3）输送距离（混合料），水平不小于 100m，垂直不小于 30m。

（2）湿法喷射混凝土对设备的要求

1）密封性能良好，输料连续均匀。

2）生产率大于 5m³/h，允许输送骨料的最大粒径为 15mm。

3）混凝土输送距离，水平不小于 100m，垂直不小于 30m。

4）机旁粉尘小于 10mg/m³。

（3）对空压机的要求

当选用空压机时，所选用空压机应满足喷射机工作风压和耗风量的要求；当选用单台空压机工作时，其排风量不应小于 9m³/min；压风进入喷射机前，必须进行油水分离。

（4）对搅拌机的要求

当选用搅拌机上料时，所用搅拌机宜选用强制式搅拌机。

（5）对输料管的要求

输料管应能承受 0.8MPa 以上的压力，并应有良好的耐磨性能。

（6）对供水设施的要求

干法喷射混凝土施工供水设施应保证喷头处的水压为 0.15～0.2MPa。

3.3.4　喷射混凝土施工工艺及要求

1. 施工工艺流程

喷射混凝土在房屋建筑工程中的应用主要体现于基坑支护，多与土钉或锚杆组成基坑支护体系，其施工工艺为：测量放线→挖土、修坡→支护结构内部排水系统施工→土钉孔成孔→土钉安装→注浆→绑扎钢筋网、加强筋焊接→混凝土喷射→养护。

如土体土质较差，易发生松塌时，可在成孔前喷射面层砂浆或混凝土，然后再土钉成孔。

2. 工艺要求

（1）测量放线

根据图纸放基坑开挖线及边坡线。注意周围有邻近建筑物时，需设置沉降观测点，在开挖过程中对周围建筑物进行动态沉降观测。

（2）挖土、修坡

1）土钉支护的土方应分层分段开挖，每层开挖深度一般为2m，每段长度可取18m，具体依据设计文件的分层深度和分段距离而定。应按作业顺序施工（协调好土方开挖和基坑支护的配合），上层土钉注浆体及喷射混凝土面层达到设计强度的80%后方可开挖下层土方，如图3.3-13所示。

2）采用挖掘机进行土方作业时，用仪器控制，严禁边坡出现超挖，基坑的边坡应留100~150mm用人工进行清坡，以保证边坡平整并符合设计规定的坡度，如图3.3-14所示。

图3.3-13 下层开挖　　　　　　　　　图3.3-14 人工修整边坡

3）支护分层开挖深度和施工的作业顺序应保证及时设置土钉或喷射细石混凝土。

4）开挖过程中如遇到土质有异常，与原设计文件不同时，应及时报告设计单位，由设计单位确认是否进行设计变更。

（3）支护结构内部排水系统施工

在支护面层背部一般应插入长度为400~600mm、直径不小于40mm的水平排水管，其外端伸出支护面层，排水管间距可为1.5~2m，以便将喷射混凝土面层后的积水排出，如图3.3-15所示。

（4）土钉孔成孔

1）土钉成孔前，应按设计要求定出成孔位置并做出标记和编号。成孔过程中遇有障碍物需调整孔位时，应由设计出变更通知。

2）土钉成孔采用锚杆工程钻机钻孔，钻进过程中严禁使用水钻，以防周边土质松化，开孔时对准孔位徐徐钻进，待达到一定深度且土层较稳定时，方可加速钻进，钻进过程中应随时检查钻头的磨损情况，防止成孔直径达不到设计要求，如图3.3-16所示。

3）成孔过程中应做好成孔记录，按土钉编号逐一记载取出的土体特征、成孔质量等。应将取出的土体与初步设计时所认定的加以对比，有偏差时应及时反馈设计单位，由设计单位修改土钉的设计参数，出设计变更通知。

图 3.3 – 15　排水管

图 3.3 – 16　土钉钻孔

4）钻孔不得扰动周围地层，钻孔后清孔采用高压风吹 2~3min，把孔内渣土吹干净，对孔中出现的局部渗水塌孔或掉落松土应立即处理。成孔后应及时安设土钉钢筋并注浆。

5）在土体含水量较大、杂填土较厚、松散砂层、软土层等易塌孔的土层，可采用钢管代替钢筋，钢管上每隔 300mm 钻直径 8~10mm 的出浆孔，孔在钢管长度方向上错开 120°，呈菱形布置，并在出浆孔边焊直径为 16mm 的短钢筋，防止打管时土粒堵塞出浆孔，如图 3.3 – 17 所示。利用空气压缩机带动冲击器将加工好的钢管分段焊接，按设计角度打入土层，如图 3.3 – 18 所示。

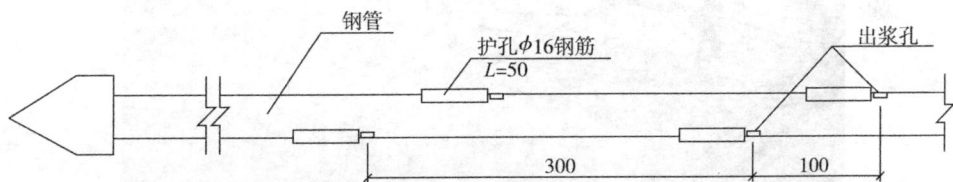

图 3.3 – 17　花管土钉

图 3.3 – 18　钢管土钉

（5）安土钉、注浆、安连接件

1）土钉安装钉

土钉钢筋采用螺纹钢，置入孔中前，应先设置定位支架，保证钢筋处于钻孔的中心部位，支架沿钉长的间距为 2～3m，支架的构造应不妨碍注浆时浆液的自由流动，支架材料为金属或塑料件，如图 3.3-19、图 3.3-20 所示。

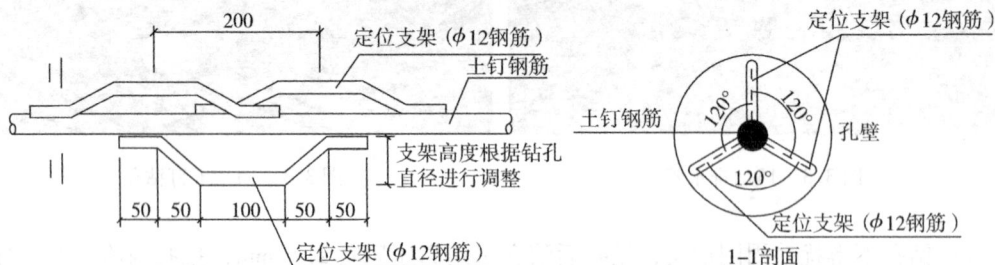

图 3.3-19 螺纹钢土钉

图 3.3-20 钢管土钉施工

2）注浆

土钉钢筋置入孔中后，可采用压力注浆，压力注浆采用二次注浆法：一次注浆导管应先插至距孔底 250～500mm 处，并在孔口设置止浆塞和排气孔，以低压（0.4～0.6MPa）注浆，同时将导管以匀速缓慢撤出，导管的出浆口应始终处于孔中浆体的表面以下，保证孔中气体能全部冒出，导管离孔口 0.5～1m 时改为高压（1～2MPa）注满，并保持高压 3～5min；二次注浆管采用直径为 20mm 的钢管，应先固定在土钉钢筋上与土钉钢筋同时置入孔中，待一次注浆完间歇 24h 后进行二次注浆，压力控制在 0.5～2.0MPa，如图 3.3-21 所示。

采用钢管代替钢筋杆体时，应使用高压（1～2MPa）注浆，从钢管端头开始压力注浆，注满后及时封堵，让压力缓慢扩散。

向孔内注入浆体的充盈系数必须大于 1。每次向孔内注浆时，应预先计算所需的浆体体积并根据注浆泵的冲程数计算应向孔内注入的浆体体积，以确认实际注浆量超过成孔的容积。

注浆前应将孔内残留或松动的杂土清除干净，注浆开始或中途停止超过30min时，应用水或稀水泥浆润滑注浆泵及输送管。

图 3.3-21　压力注浆

注浆材料选用水泥净浆的水灰比按设计要求，当设计无要求时取 0.5，水泥净浆应拌合均匀，随拌随用，一次拌合的水泥净浆应在初凝前用完。

（6）绑扎钢筋网、加强筋焊接

1）土钉钢筋端部通过锁定筋与面层内的加强筋及钢筋网连接时，其相互之间应可靠焊牢。当采用钢管杆体时，钢管通过锁定筋与加强筋焊接，如图 3.3-22、图 3.3-23 所示。

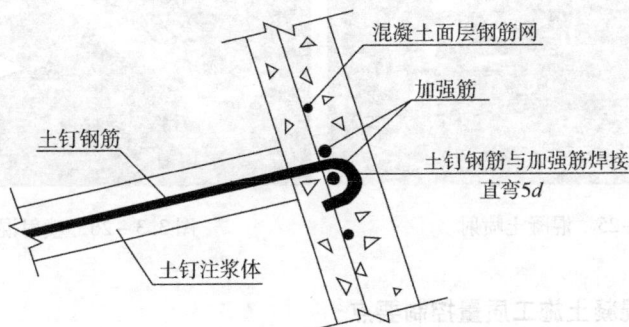

图 3.3-22　土钉钢筋与钢筋网焊接

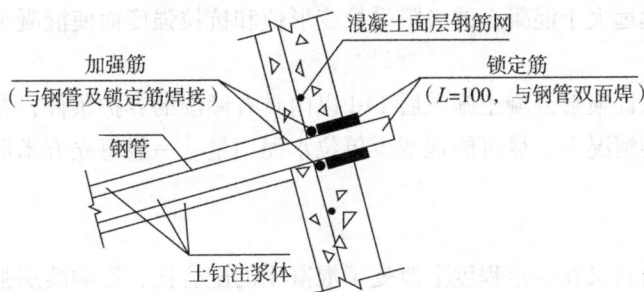

图 3.3-23　土钉钢管与钢筋网焊接

61

2）钢筋网片用焊接或绑扎而成，网格允许偏差为±10mm。钢筋网铺设时每边的搭接长度应不小于一个网格边长或300mm，如为单面搭接焊则焊长不小于网筋直径的10 倍，如图 3.3 – 24 所示。

（7）混凝土喷射

混凝土喷射前验收钢筋网敷设、焊接，均符合要求后，喷混凝土面层至设计厚度，喷射应分段、分片由下而上螺旋顺序进行，每段长度高度一般不超过 2m，总长度不超

图 3.3 – 24　钢筋网焊接

过 6m，喷射时喷嘴要正对受喷面做均匀顺时针方向的螺旋转动，螺旋直径 20 ~ 30cm，以使混凝土喷射密实。当岩面有较大坑洼时应先喷凹处然后找平，如图 3.3 – 25 所示。

（8）养护

喷射混凝土终凝 2h 后应喷水养护，一般工程养护时间不少于 7d，重要工程养护时间不少于 14d，如图 3.3 – 26 所示。

图 3.3 – 25　混凝土喷射

图 3.3 – 26　喷射混凝土养护

3.3.5　喷射混凝土施工质量控制要点

1. 开裂原因及防止措施

原因：喷射混凝土层出现不同程度的开裂，其原因多是由于喷射混凝土表面层收缩及其产生的拉应力远远大于混凝土的极限受拉变形值和抗拉强度而使混凝土表面层先行开裂所致。

防止措施：保证喷射混凝土施工后 14d 以内具有潮湿的养护条件；在满足喷射混凝土强度和工艺要求的情况下，尽可能地减少单位水泥用量。一般每立方米混凝土水泥用量不大于 450kg。

2. 控制回弹

回弹既浪费材料又在一定程度上改变了混凝土的配合比，影响喷层强度，因此要控制回弹物。通过按配合比施工掺加速凝剂，调整工作风压、水压和水量以及喷层厚度、喷射距离等方式减少回弹量。

3.3.6 喷射混凝土施工质量检查与验收

1. 喷射混凝土厚度检查

喷射混凝土强度等级不低于 C20，终凝时间不宜超过 4h，厚度宜为 80～120mm，可在混凝土上钻孔检查。已完成喷射混凝土的表面上不允许有开裂、漏水，也不允许钢筋、锚杆外露。

2. 喷射混凝土裂纹检查

对出现裂纹地段采取在其附近加设锚杆或加喷一层混凝土的办法进行处理。

3. 喷射混凝土抗压强度检查

（1）喷射混凝土必须做抗压强度试验；当设计有其他要求时，应增加相应的性能试验。

（2）检查喷射混凝土抗压强度所需的试块应在工程施工中抽样制取。试块数量，每喷射 50～100m³ 混合料或混合料小于 50m³ 的独立工程，不得少于一组，每组试块不得少于 3 个；材料和配合比变更时，应另做一组。

（3）检查喷射混凝土抗压强度的标准试块应在规定的喷射混凝土板件上切割制取。试块为边长 100mm 的立方体，在标准养护条件下养护 28d，用标准试验方法测得的极限抗剪强度，乘以 0.95 的系数。

（4）当不具备制作抗剪强度标准试块条件时，可将喷射混凝土大板在标准养护条件下养护 7d 后，用钻芯机钻取芯样的方法制作试块。芯样边缘至大板周边的最小距离不应小于 50mm；也可直接向边长 150mm 的无底标准试块模内喷射混凝土制作试块，其抗压强度换算系数，应通过实验确定。

3.4 大体积混凝土施工

3.4.1 大体积混凝土定义及有关术语

1. 大体积混凝土定义

混凝土结构物实体最小尺寸不小于 1m 的大体量混凝土，或预计会因混凝土中胶凝材料水化引起温度变化和收缩而导致有害裂缝产生的混凝土，如图 3.4-1 所示。

2. 有关术语

（1）跳仓施工法

在大体积混凝土工程施工中，将超长的混凝土块体分为若干小块体间隔施工，经过短期的应力释放，再将若干小块体连成整体，依靠混凝土抗拉强度抵抗下一段的温度收缩应力的施工方法，如图 3.4-2所示。

（2）永久变形缝

将建筑物（构筑物）垂直分割开来的

图 3.4-1 大体积混凝土

永久留置的预留缝，包括伸缩缝和沉降缝，如图 3.4 - 3 所示。

图 3.4 - 2　跳仓法施工

跳仓的最大分块尺寸不宜大于40m，跳仓间隔施工的时间不宜小于7d，跳仓接缝处应按施工方的要求设置和处理。

图 3.4 - 3　永久变形缝

（3）竖向施工缝

混凝土不能连续浇筑时，因混凝土停顿时间有可能超过混凝土的初凝时间，在适当的位置留置的垂直方向的预留缝，如图 3.4 - 4 所示。

（4）水平施工缝

混凝土不能连续浇筑时，因混凝土停顿时间有可能超过混凝土的初凝时间，在适当的位置留置的水平方向的预留缝，如图 3.4 - 5 所示。

图 3.4 - 4　竖向施工缝

图 3.4 - 5　水平施工缝

3.4.2　大体积混凝土施工工艺及要求

1. 大体积混凝土施工工艺

大体积混凝土宜采用以下施工工艺：

（1）全面分层

全面分层是在第一层混凝土全面浇筑完毕后，在混凝土初凝前开始浇筑第二层，如此逐层连续浇筑，直至混凝土全部浇筑完毕为止。这种方案适用于结构平面尺寸不太大的工程，施工时从短边开始，沿长边推进比较合适。必要时可分成两段，从中间向两端或从两端向中间同时进行浇筑，如图 3.4 - 6 所示。

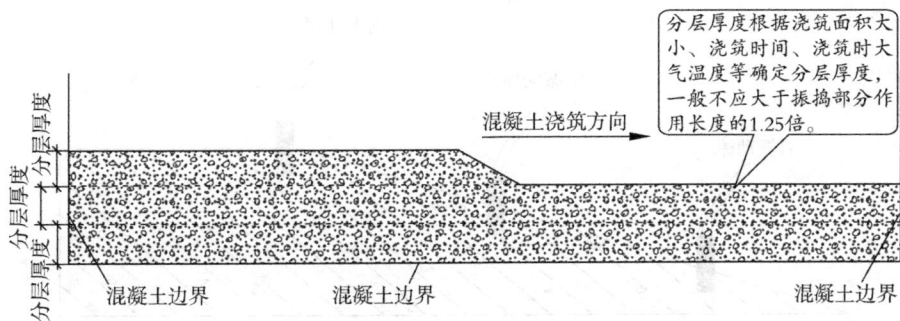

图 3.4－6　全面分层

（2）分块分层

分块分层是在混凝土浇筑时，先从底层开始，浇筑至一定距离后浇筑第二层，如此依次向前浇筑其他各层。由于总的层数较多，所以浇筑到顶后，第一层末端的混凝土还未初凝，又可以从第二块依次分层浇筑。这种方案适用于单位时间内要求供应的混凝土较少，结构物厚度不太大而面积或长度较大的工程，如图 3.4－7 所示。

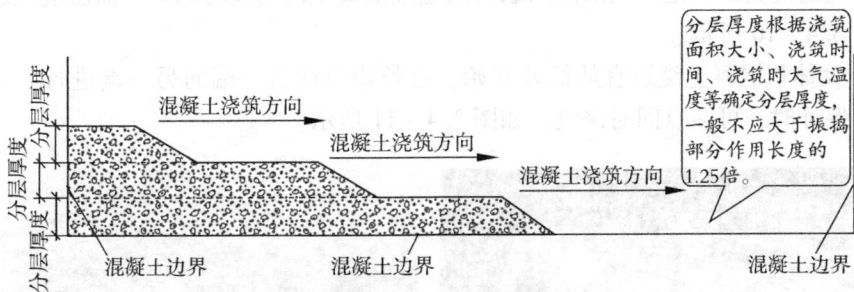

图 3.4－7　分块分层

（3）斜面分层

要求斜面坡度不大于 1/3，适用于结构长度大大超过厚度 3 倍的情况。混凝土从浇筑层下端开始，逐渐上移。混凝土的振捣也要适应斜面分层浇筑工艺，一般在每个斜面层的上、中、下各布置一道振动棒。上面的一道布置在混凝土卸料处，保证上部混凝土的捣实；中间的一道布置在混凝土坡中处，保证中间混凝土的捣实；下面一道振动棒布置在近坡脚处，确保下部混凝土密实。随着混凝土浇筑的向前推进，振动器也相应跟上，如图 3.4－8、图 3.4－9 所示。

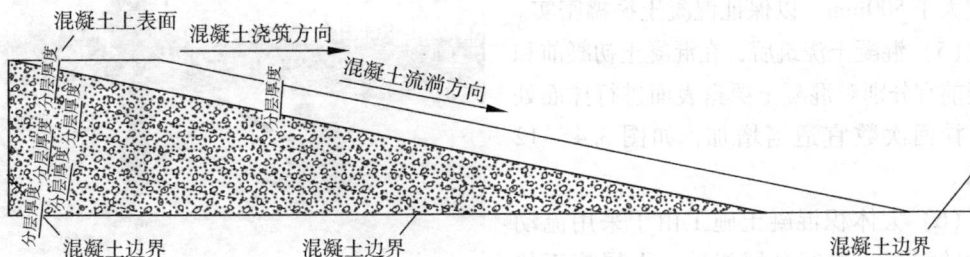

图 3.4－8　斜面分层

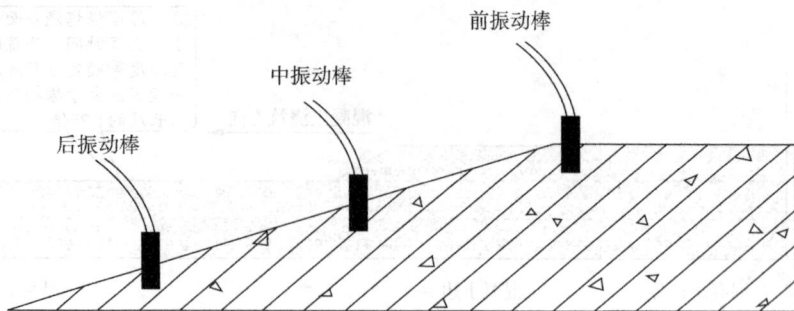

图 3.4 – 9　振动棒布置

2. 大体积混凝土工艺要求

（1）混凝土浇筑层厚度应根据所用振动器作用深度及混凝土的和易性确定，整体连续浇筑时宜为 300 ~ 500mm。

（2）整体分层连续浇筑或推移式连续浇筑，应缩短间歇时间，并应在前层混凝土初凝之前将次层混凝土浇筑完毕。层间最长的间歇时间不应大于混凝土初凝时间。混凝土的初凝时间应通过实验确定。当层间间歇时间超过混凝土的初凝时间时，面层应按施工缝处理，如图 3.4 – 10 所示。

（3）大体积混凝土浇筑宜从低处开始，沿长边方向自一端向另一端进行。当混凝土供应量有保证时，可多点同时浇筑，如图 3.4 – 11 所示。

图 3.4 – 10　施工缝

图 3.4 – 11　混凝土多点同时浇筑

（4）混凝土分层浇筑应采用自然流淌形成斜坡，并沿高度均匀上升，分层厚度不宜大于 500mm，以保证混凝土振捣密实。

（5）混凝土浇筑后，在混凝土初凝前和终凝前宜分别对混凝土裸露表面进行抹面处理，抹面次数宜适当增加，如图 3.4 – 12 所示。

（6）大体积混凝土施工由于采用流动性大的混凝土进行分层浇筑，上层施工的间隔时间较长，经过振捣后上涌的泌水和

图 3.4 – 12　混凝土抹面

浮浆宜顺着混凝土坡面流到坑底，因此，基础大体积混凝土结构应有排除积水或混凝土泌水的技术措施。可在混凝土垫层施工时预先在横向做出2cm的坡度，在结构四周侧模的底部开设排水孔，使泌水及时从孔中排出；也可在混凝土低处部位挖坑屯水，再用水泵将水抽走或人工清理积水。

二次振捣不仅可以提高混凝土的强度，或在保证强度的前提下节约水泥的用量，而且可以增加混凝土的密实度，提高防渗性，消除混凝土由于沉陷产生的裂纹和细缝。

图 3.4 – 13 二次振捣

（7）混凝土浇筑宜采用二次振捣工艺，如图 3.4 – 13 所示。

二次振捣的注意事项：

气温：混凝土的凝结时间与气温变化密切相关，气温升高则凝结变快，二次振捣的时间就应提前，反之就要推后。另外，还应注意昼夜温差，对振捣时间适时调整。

水泥品种：掺有混合材料的水泥一般较纯熟料水泥凝结时间长，例如矿渣硅酸盐水泥较普通硅酸盐水泥凝结时间长。

混凝土强度等级：在其他条件相同的前提下，强度等级高的混凝土凝结时间短。

坍落度：一般情况下，凝结时间随坍落度增加而有一定的延长。但是在高温季节，混凝土的凝结时间受坍落度的影响很小。

水灰比：二次振捣对小水灰比的混凝土增强效果好，对水灰比大的混凝土增强效果较差。

由于影响二次振捣时间的确定的因素很多，二次振捣时间过早，起不到二次振捣应有的作用；反之，在水泥浆体硬化后振捣，会造成无法愈合的裂缝产生，导致混凝土的水泥石结构破坏，因此，在采用这种方法前必须综合考虑各方面的因素，认真试验，慎重实施。

3.4.3 大体积混凝土质量控制要点

1. 大体积混凝土的配合比控制

（1）水泥的选用：应尽量选用水化热低、凝结时间长的水泥，优先采用中热硅酸盐水泥、低热矿渣硅酸盐水泥、大坝水泥、矿渣硅酸盐水泥、粉煤灰硅酸盐水泥、火山灰质硅酸盐水泥等。

（2）粗细骨料：粗骨料宜采用连续级配，细骨料宜采用中砂。大体积混凝土在保证混凝土强度及坍落度要求的前提下，应提高掺合料及骨料的含量，以降低单方混凝土的水泥用量。

（3）减水剂：为满足和易性和减缓水泥早期水化热发热量的要求，宜在混凝土中掺入适量的缓凝型减水剂。除加入减水剂外，有些混凝土还要根据需要加入其他外加剂，如引气剂、膨胀剂、泵送剂等，如图 3.4 – 14 所示。

（4）采用混凝土 60d 或 90d 强度作指标时，应将其作为混凝土配合比的设计依据。

2. 运输控制

（1）混凝土运输过程中出现离析或使用外加剂进行调整时，搅拌运输车应进行快速

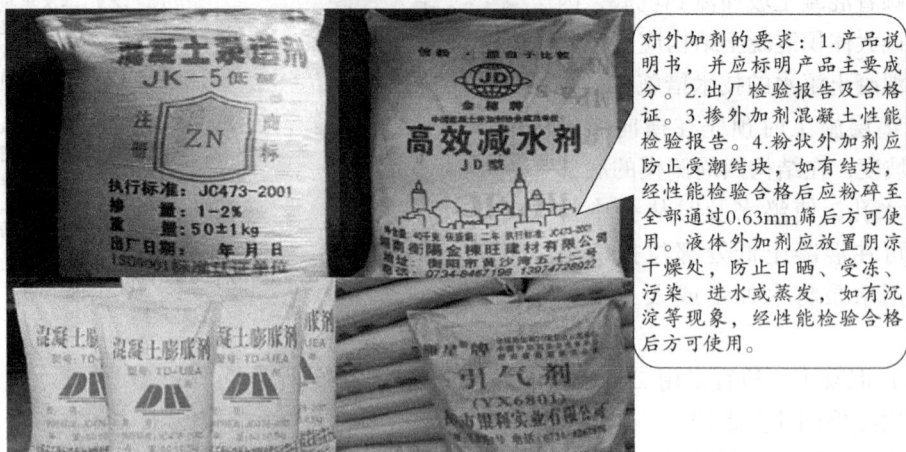

对外加剂的要求：1.产品说明书，并应标明产品主要成分。2.出厂检验报告及合格证。3.掺外加剂混凝土性能检验报告。4.粉状外加剂应防止受潮结块，如有结块，经性能检验合格后应粉碎至全部通过0.63mm筛后方可使用。液体外加剂应放置阴凉干燥处，防止日晒、受冻、污染、进水或蒸发，如有沉淀等现象，经性能检验合格后方可使用。

图 3.4 - 14　混凝土外加剂

搅拌，搅拌时间不少于 2min。

（2）运输过程中严禁加水。

（3）运输过程中，坍落度损失或离析严重，经补充外加剂或快速搅拌已无法恢复混凝土拌合物的工艺性能时，不得浇筑入模。

3. 施工缝控制

（1）大体积混凝土的施工缝和后浇带应在混凝土浇筑前确定。施工缝和后浇带宜留设在结构受剪力较小且便于施工的位置。

（2）水平施工缝一般设置在竖向结构中，一般设置在墙、柱、厚大基础等结构；垂直施工缝一般设置在平面结构中，一般设置在梁、板等构件中，如图 3.4 - 15 所示。

混凝土施工缝二次剔凿成"垂直面"。

图 3.4 - 15　施工缝

（3）后浇带的设置一般分为两种：沉降后浇带和伸缩后浇带。沉降后浇带有效解决了高层建筑主楼与裙房的沉降差，待主体结构结束且沉降基本稳定后才可以浇筑；伸缩后浇带可减少温度收缩的影响，从而避免有害裂缝的产生，如图 3.4 - 16、图 3.4 - 17 所示。

图 3.4 – 16 沉降后浇带　　　　　　图 3.4 – 17 伸缩后浇带

4. 裂缝控制

（1）裂缝产生原因

表面裂缝：大体积混凝土在硬化过程中释放大量水化热，使混凝土内部产生较高温度，而混凝土表面和边界受气温影响，温度较低，这样形成较大内外温差，在混凝土表面产生拉应力（称内约束应力），当此拉应力超过混凝土抗拉强度时，便会产生表面裂缝。该裂缝多发生在混凝土升温阶段。

贯穿裂缝：当大体积混凝土降温产生的收缩和混凝土自身收缩受到地基或基础约束时，在截面中产生拉应力（称外约束应力），当此拉应力超过混凝土的抗拉强度时，便会产生贯穿裂缝。该裂缝多发生在混凝土降温阶段。

（2）控制措施：合理选择中、低水化热水泥；合理选用骨料，在满足施工要求的情况下，尽量选用粒径较大、级配良好的石子，以减少用水量和水泥用量，降低混凝土的收缩和泌水性；细骨料以中、粗砂为宜。严格控制砂、石的含泥量，石子含泥量小于1%，砂含泥量小于2%。

在混凝土中加入适量的外加剂，改善混凝土的特性，减少水泥用量，减少混凝土的温升。同时可降低水化热释放的速度，延缓温度峰值出现的时间。

混凝土中掺入一定量的粉煤灰不仅能改善混凝土特性，而且能代替部分水泥，减少水化热。但应注意掺加粉煤灰后混凝土早期强度有所降低。

采用 UEA 补偿收缩混凝土：在混凝土内掺水泥用量 10% ~ 12% 的 U 型混凝土膨胀剂，以实现超长结构的无缝施工。

合理选择混凝土浇筑方案，改进混凝土搅拌和振捣工艺，采用二次投料和二次振捣的新工艺，提高混凝土的强度。

5. 养护控制

（1）养护是防止混凝土产生裂缝的重要措施，必须充分重视，制定养护方案，并安排专人负责养护保温工作，同时做好测试记录，如图 3.4 – 18 所示。

（2）保湿养护时间不得少于 14d，并应经常检查塑料薄膜或养护剂涂层的完整情况，保持混凝土表面湿润，如图 3.4 – 19 所示。

图 3.4 – 18　专人养护

图 3.4 – 19　塑料薄膜覆盖养护

（3）保温覆盖层的拆除应分层逐步进行，当混凝土表面温度与环境最大温差小于20℃时，可全部拆除。

（4）在混凝土浇筑完毕初凝前，宜立即进行喷雾养护工作。

（5）塑料薄膜、麻袋、阻燃保温被等，可作为保温材料覆盖混凝土和模板，必要时，可搭设挡风保温棚或遮阳保温棚。在保温养护中，应对混凝土的表面与内部温差和降温速率进行现场监测，当实测结果不满足温控指标的要求时，应及时调整保温养护措施。

（6）炎热天气大体积混凝土施工时，宜采用遮盖、洒水、拌冰屑等降低混凝土原材料温度的措施，混凝土入模温度宜控制在30℃以下，在此基础上的温升值不宜大于50℃。混凝土浇筑后，应及时进行保湿保温养护；条件许可时，应避开高温时段浇筑混凝土，如图 3.4 – 20 所示。

（7）冬期浇筑混凝土时，宜采用热水拌合、加热骨料等提高混凝土原材料温度的措施，混凝土入模温度不低于5℃，混凝土浇筑后应及时进行保温保湿养护，如图 3.4 – 21 所示。

图 3.4 – 20　混凝土入模温度检测

图 3.4 – 21　混凝土入模温度检测

（8）大风天气浇筑混凝土时，在作业面应采取挡风措施，并应增加混凝土表面的抹压次数，应及时覆盖塑料薄膜和保温材料，如图 3.4 – 22 所示。

（9）雨雪天不宜浇筑混凝土，当需施工时，应采取确保混凝土质量的措施。浇筑过程中突遇大风或大雪天气时，应及时在结构合理部位留置施工缝，并应尽快终止混凝土浇筑；对已浇筑还未硬化的混凝土立即覆盖，严禁雨水直接冲刷新浇筑的混凝土。

基础大体积混凝土覆盖养护时,当表面以内40~80mm位置的温度与环境温度差值小于25℃时,可结束覆盖养护。覆盖养护结束但尚未达到养护时间要求时,可采用洒水养护方式至养护结束。

图 3.4 – 22　混凝土保温覆盖

3.4.4　大体积混凝土施工现场温控与监测

1. 大体积混凝土施工现场温控措施

(1) 水化热温升控制措施

1) 采用冰水配制混凝土,或混凝土厂址配置有深水井,采用冰凉的井水配置。

2) 粗细骨料均搭设遮阳棚,避免日光暴晒。

3) 选用低水化热的普通硅酸盐水泥,并利用掺合料减少水泥单方用量。

(2) 控制拆模温差

混凝土拆模时,混凝土的温差不超过20℃。其温差应包括表面温度、中心温度和外界气温之间的温差。

(3) 内部降温法控制内外温差

内部降温法是在混凝土内部预埋水管,通入冷却水,降低混凝土内部最高温度。冷却在混凝土刚浇筑完时就开始进行,还有常见的投毛石法,均可有效控制因混凝土内外温差而引起的混凝土开裂,如图3.4 – 23所示。

(4) 外部保温控制内外温差

保温法是在结构外露的混凝土表面以及模板外侧覆盖保温材料(如草袋、锯木、湿砂等),在缓慢的散热过程中,使混凝土获得必要的强度,以控制混凝土的内外温差小于20℃。

2. 大体积混凝土施工现场温度监测

(1) 大体积混凝土浇筑体里表温差、降温速率及环境温度的测试,在混凝土浇筑后,每昼夜不应少于4次;入模温度的测量,每台班不应少于2次,如图3.4 – 24所示。

(2) 大体积混凝土浇筑体内监测点的布置,应真实反映出混凝土浇筑体内最高温升、里表温差、降温速率及环境温度,可按下列方式布置:

1) 温度监测点的布置范围以所选混凝土

混凝土降温速率不大于2℃/d。

图 3.4 – 23　预埋冷却水管

图 3.4-24 混凝土温度测量

的浇筑体平面图对称轴的半条轴线为测温区（对长方体可取较短的对称轴线），在测温区内温度测点呈平面布置，如图 3.4-25 所示。

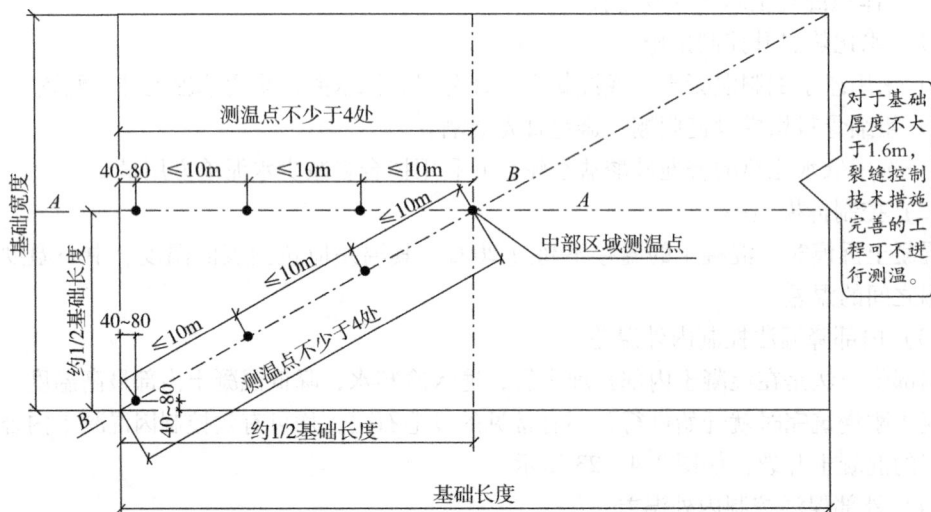

图 3.4-25 温度监测点平面布置图

2）在测温区内，温度监测的位置与数量可根据混凝土浇筑块体内温度场的分布情况及温控的要求确定。

3）每条测试轴线上，监测点位不宜少于 4 处，应根据结构的几何尺寸布置。

4）混凝土浇筑体的外表温度，宜为混凝土外表以内 50~200mm 处的温度为准。

5）沿混凝土浇筑体厚度方向，必须布置外表、地面和中心温度测点，间距不宜小于 0.5m，且不宜大于 1m，每个横向设置温测点不应少于 4 处，间距不应小于 0.5m，且不应大于 10m，如图 3.4-26 所示。

6）保温养护效果及环境温度监测点数量应根据具体需要确定。

7）混凝土浇筑体底面的温度，宜为混凝土浇筑体地面上 50~200mm 处的温度。

8）混凝土浇筑体表面温度测温点宜布置在保温覆盖层底部或模板内侧表面有代表性的位置，且各不应少于 2 处。环境温度测温点不应少于 2 处。

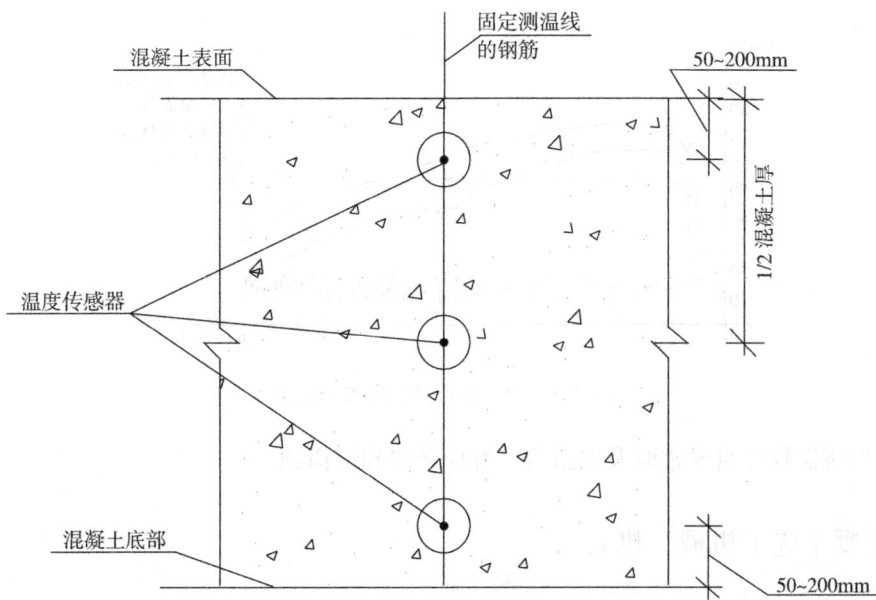

图 3.4 - 26　温测点竖向布置图

（3）温度测试元件的安装与保护，应符合下列规定：

1）测试元件安装前，必须在水下 1m 处经过浸泡 24h 不损坏。

2）测试元件接头安装位置应准确，固定应牢固，并应与结构钢筋及固定金属体绝热，如图 3.4 - 27 所示。

图 3.4 - 27　测试元件布置

3）测试元件的引出线宜集中布置，并应加以保护。

4）测试元件周围应进行保护，混凝土浇筑过程中，下料时不得直接冲击测试测温元件及引出线；振动器不得触碰测试元件及引出线。

5）测试过程中宜及时描绘出各点的温度变化曲线和断面的温度分布曲线，如图 3.4 - 28 所示。

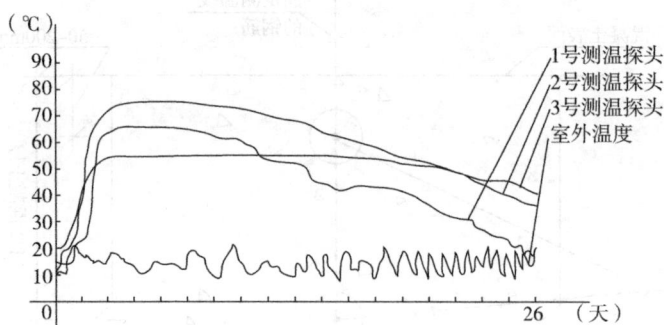

图 3.4 – 28　测点温度分布曲线图

6）发现温控竖直异常时及时报告，并应采取相应措施。

3.5　混凝土施工机械、机具

3.5.1　混凝土施工常用机械、机具的分类

混凝土施工常用机械、机具按用途分可分为混凝土制备机械、混凝土运输机械、混凝土浇筑机具、混凝土振捣机具、混凝土收面机具、养护机具及材料。

1. 混凝土制备机械

目前混凝土制备机械主要为搅拌机，按其搅拌原理分为强制式搅拌机和自落式搅拌机，如图 3.5 – 1、图 3.5 – 2 所示。

特点：利用内部叶片绕竖轴或卧轴旋转强行搅拌拌合料。
适用于搅拌干硬性混凝土、流动性混凝土和轻骨料混凝土等，具有搅拌质量好、搅拌速度快、生产效率高、操作简便及安全可靠等优点。

图 3.5 – 1　强制式搅拌机

2. 混凝土运输机械

混凝土运输机械主要有搅拌运输车、侧卸式混凝土运输车、轨道式搅拌运输车、干混砂浆运输车等，如图 3.5 – 3 ~ 图 3.5 – 7 所示。

特点：利用鼓筒转动时拌合料在鼓筒内自由落体式翻转搅拌，达到搅拌目的。适用于搅拌塑性混凝土和低流动性混凝土和轻骨料混凝土，搅拌质量、搅拌速度等与强制式搅拌机相比较差一些。

图 3.5 - 2 自落式搅拌机

容积大，一般 8~12m³；速度快，适用于工业与民用建筑混凝土施工与公路市政混凝土施工。

图 3.5 - 3 搅拌运输车

多用于矿山、公路工程。

图 3.5 - 4 侧卸式混凝土运输车

特点：采用液压传动机构，带动搅拌筒工作。与机械传动机构的混凝土搅拌输送车相比，故障少，维修量小，使用寿命长，操作方便，可在前进、后退、弯道上运行使长距离搅拌输送混凝土不产生离析。用于矿山井下、隧道，也可用于地面上搅拌输送混凝土。

图 3.5 - 5   轨道式搅拌运输车

特点：1.罐体采用分仓小气室结构，气压损失小，卸料快，剩余率低。2.卸料装置配备有防离析装置，可有效降低混合料的离析。3.空压机采用发动机和电机双动力驱动，也可独立驱动，使用方便快捷，节能环保。4.采用通用汽车底盘，整体外形美观、性价比高、安全可靠。

图 3.5 - 6   干混砂浆运输车

特点：轻便灵活、结构简单、转弯半径小、速度快、可自动卸料、操作维护简便。适用于短距离水平运输混凝土及砂、石等散装材料。仅限于运送坍落度小于80mm的混凝土拌合物，并应保证运送器不漏浆，内壁光滑平整，有覆盖措施。

图 3.5 - 7   混凝土翻斗车

3. 混凝土浇筑机械机具

混凝土浇筑机械机具主要有混凝土拖泵、车载混凝土输送泵、汽车泵、布料杆、混凝土喷射机、灰斗车、料斗、塔吊、泵管等，如图 3.5 - 8 ~ 图 3.5 - 16 所示。

优点：不受场地限制，可运用到臂架泵施工不到的地方。
缺点：布料不方便，施工中拆管接管麻烦。使用时需用汽车将其拖至施工地点，然后进行混凝土输送。一般最大水平输送距离超过1000m，最大垂直输送高度超过400m，输送能力为85m³/h左右，适用于高层及超高层建筑的混凝土输送。

图 3.5-8 混凝土拖泵

功能结构与拖泵基本相同，同样适用于高层及超高层建筑的混凝土输送。

图 3.5-9 车载混凝土输送泵

优点：布料方便，泵送量大，便于施工。
缺点：受场地限制，泵车臂架越长，需场地越大；高度有所限制。适用于多层及高层底层混凝土的浇筑。

图 3.5-10 汽车泵

优点：布料方便，便于施工。
缺点：较沉重，移动时需要借助塔吊移动；使用时需用缆风绳固定和底座加固。
适用于高层、超高层混凝土的浇筑。

图 3.5-11 混凝土布料杆

适用于基坑边坡支护，多与锚杆或土钉组成支护体系。

图 3.5-12 混凝土喷射机

水平运输混凝土，多用于自拌混凝土的水平运输。

图 3.5-13 灰斗车

多用于混凝土方量小而又不方便使用混凝土泵车的混凝土浇筑。

图 3.5 – 14　混凝土料斗

可用于混凝土垂直运输，多用于混凝土方量小而又不方便用混凝土泵车的混凝土浇筑，与料斗配合使用。

图 3.5 – 15　塔吊

可用于混凝土垂直运输，多与拖泵、布料杆结合使用，使用时固定于结构混凝土上。适用于高层、超高层混凝土浇筑。

图 3.5 – 16　混凝土泵管

4. 混凝土振动机具

混凝土振动机具主要有插入式振动器、平板式表面振动器、附着式外部振动器，如图 3.5 – 17 ~ 图 3.5 – 19 所示。

振动手作业时必须戴绝缘橡胶手套和穿胶鞋，电机工作状态良好，棒管不得有裂纹，电缆线不得有破损。多用于厚度较大的混凝土及墙、柱、梁等混凝土的浇筑振捣。

图 3.5 – 17   插入式振动器

平板振动器作业时，应使平板与混凝土保持接触，使振波有效地振实混凝土，待表面出浆，不再下沉后，即可缓慢向前移动，移动速度应能保证混凝土振实出浆。不得在混凝土初凝时再振。多用于厚度较小的混凝土浇筑振捣。

图 3.5 – 18   平板式振动器

在同一浇筑体的不同位置的所有振动器频率必须相同；安装在模板上时，每次振捣时间不超过1min，当混凝土在模板内翻浆流动或成水平状即可停振，不得在混凝土初凝时再振。多用于钢筋较密时的混凝土振捣。

图 3.5 – 19   附着式振动器

5. 混凝土压光机具

混凝土收面机包括磨光机、铁抹子、木抹子、刮杠、汽油振平尺、激光整平机，如图 3.5 - 20 ~ 图 3.5 - 27 所示。

用于水泥混凝土表面的提浆、抹平、抹光，广泛应用于厂房、仓库、停车场、广场、框架式楼房的混凝土地坪及环氧、耐磨地坪的施工。

图 3.5 - 20　混凝土磨光机

图 3.5 - 21　铁抹子

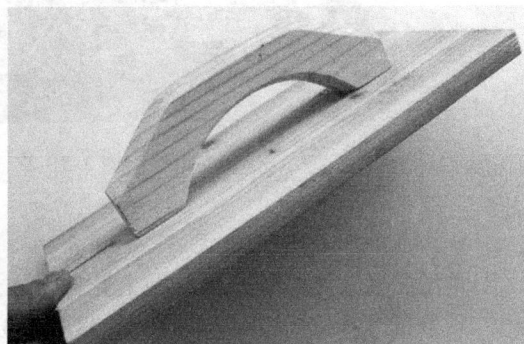

图 3.5 - 22　木抹子

图 3.5 - 23　耙子

图 3.5 - 24　铁锹

用于混凝土地面的提浆、振实与整平。

图 3.5 – 25　汽油振平尺

用于混凝土表面的初步刮平。

图 3.5 – 26　刮杠

特点：1.平整度误差小。2.地面整体性好；地面密实均匀。3.施工效率高。4.完成地面后期维护费用小。
多用于地坪大面积混凝土的施工。

图 3.5 – 27　激光整平机

6. 养护机具及材料

常见混凝土养护机具有混凝土养护箱、远红外线加热器，养护材料有塑料薄膜、棉毡、彩条布、养护剂等，如图 3.5 – 28 ~ 图 3.5 – 33 所示。

多用于施工现场混凝土试块养护。

图 3.5 – 28　混凝土养护箱

优点及特点：1.具有穿透力，能内外同时加热。2.加热均匀，不易产生温度裂缝。3.不需热传介质传递，热效率良好。4.可局部加热，节约能源。5.可提供舒适的作业环境。6.节省炉体的建造费用及空间，安拆及维修简单方便。7.加热过程干净无污染，对人体无害，利于环保和实现文明施工。8.温控简便、升温快、较具安全性。

图 3.5－29　红外辐射取暖器

多用于夏季混凝土浇筑完毕后水平结构的保水养护。

图 3.5－30　塑料薄膜

多用于冬期大体积混凝土浇筑完毕后保温养护。

图 3.5－31　棉毡

多用于雨季混凝土浇筑完毕后的养护，防止雨水冲刷混凝土。

图 3.5－32　彩条布

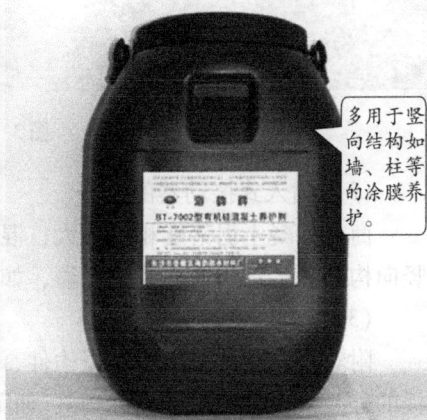

多用于竖向结构如墙、柱等的涂膜养护。

图 3.5－33　养护剂

3.5.2　混凝土施工常用机械机具的选择

1. 混凝土制备机械的选择

混凝土制备机械的选择，首先应根据工程设计要求及混凝土的工程量来决定是选择自拌混凝土或商品混凝土，从而选择相对应的搅拌机械或商品混凝土搅拌站。

2. 混凝土运输机械的选择

混凝土种类选择完成，若选择自拌混凝土，则根据混凝土的塑性与流动性大小选择采用强制式搅拌机还是自落式搅拌机，选择搅拌机时一般会选择灰斗车、混凝土料斗、塔吊来配合使用，以实现混凝土的水平与垂直运输；若选择商品混凝土搅拌站，则需与商品混凝土搅拌站签订混凝土供应合同，搅拌站将根据单层浇筑面积大小、浇筑高度、施工场地大小、施工地点距搅拌站距离等信息提供相适应的搅拌运输车、泵车等机械，以确保混凝土浇筑时，混凝土供应连续，浇筑工作正常进行。

3. 混凝土振动机具的选择

（1）平板表面振动器的选择

一般选择自拌混凝土时，混凝土坍落度较小，插入式振动器振捣面积相对较小，且易发生漏振，或振动强度不够，所以对于面积较大的水平板构件混凝土浇筑，多选用平板式表面振动器，但对于梁、柱等竖向构件应选择插入式振动器配合使用，如图 3.5–34 所示。

图 3.5–34　梁、板、柱振捣

（2）插入式振动器的选择

商品混凝土坍落度相对较大，混凝土流动性好，因此无论是水平板构件还是梁、柱等竖向构件，多选用插入式振动器，如图 3.5–35 所示。

（3）附着式振动器的选择

附着式振动器多用于薄壳构件、空心板梁、拱肋、T 形梁、箱梁等的振捣，附着于模板的外侧，一般间距不超过 2m，如图 3.5–36 所示。

4. 混凝土收面机具的选择

混凝土收面是保证混凝土浇筑质量的重要环节，所以在混凝土浇筑完成后，收面工作及机具的选择也尤为重要。

铁抹子用于压光混凝土收面；木抹子用于无需压光的混凝土收面；刮杠用于混凝土的初步刮平；汽油振平尺用于小面积混凝土地面的提浆、振实与整平；磨光机用于混凝土表面的提浆、抹平、抹光；激光整平机多用于地坪等大面积混凝土的整平，如图 3.5–37、图 3.5–38 所示。

使用过程中两人配合，一人扶电机，一人扶棒头。

图 3.5 - 35　插入式振动器振捣

图 3.5 - 36　附着式振动器振捣

图 3.5 - 37　磨光机收面

图 3.5 - 38　混凝土收面

3.5.3　混凝土施工机械机具的管理与维护

施工机械机具的购买、租赁及使用费用在工程总价中占了很大的比例，尤其是与具有腐蚀性的混凝土接触的机械机具，在混凝土的腐蚀下，更大大加快了机械机具的损耗，缩短了机械机具的使用寿命，因此对混凝土施工机械机具的管理与维护显得尤为重要。

1. 加强日常管理，经常进行维护与保养

建立机械机具维护与保养管理制度，将混凝土施工机械机具的维护保养落实到混凝土机械设备管理活动当中去，做到混凝土机械机具维护保养工作经常化，如图 3.5 - 39所示。

2. 加强机械机具的检修管理

专人负责机械机具的管理保管，机械机具使用人在使用过程中发现问题要向保管人员说明情况，以便于及时安排保养与维修，如图 3.5 - 40 所示。

3. 加强机械机具的点检管理

加强机械机具的点检管理，做到以下几点：

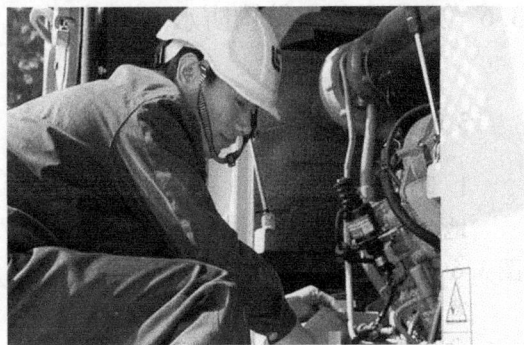

图 3.5 - 39　机械保养

（1）及时发现混凝土机械机具的隐患，采取防范措施，防止混凝土机械机具故障及事故的发生，如图 3.5 - 41 所示。

图 3.5 - 40　机械检修

图 3.5 - 41　机械隐患检查

（2）坚持混凝土机械机具点检制，是预防故障的重要措施。通过点检资料积累，提出合理的混凝土机械机具维修和零部件更换计划，完善维修标准，保持混凝土机械机具性能稳定，延长混凝土机械机具的使用寿命，如图 3.5 - 42 所示。

（3）加强机械机具使用人员的使用技能培训，提高其使用机械机具的技术水平，如图 3.5 - 43 所示。

图 3.5 - 42　机械日常检查

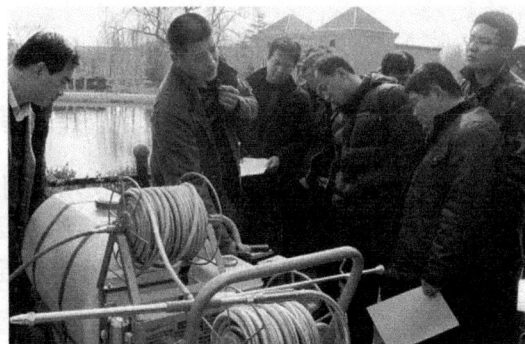

图 3.5 - 43　机械使用技能培训

3.6　地下混凝土结构防水

3.6.1　地下混凝土结构防水要求

1. 防水部位

地下混凝土结构防水部位主要包括底板、外墙、顶板等部位的防水，如图 3.6 - 1 ~ 图 3.6 - 3 所示。

2. 防水原则

地下混凝土结构防水原则为："防、排、截、堵相结合，刚柔相济，因地制宜，综合治理"。并应做到防水等级定级准确，防水方案可靠，施工方便，经久耐用，经济合理。

图 3.6 - 1　地下混凝土结构底板防水

图 3.6 - 2　地下混凝土结构外墙防水

（1）防：地下混凝土结构防水首先应以混凝土自防水为主，其次柔性材料附加防水为辅，常见措施有卷材防水、涂膜防水等，如图 3.6 - 4 所示。

图 3.6 - 3　地下混凝土结构顶板防水

利用混凝土自身的防水性能与柔性防水性能相结合，达到更好的防水效果。

图 3.6 - 4　地下混凝土结构防水施工

（2）排：地下混凝土结构防水中排水主要包括内部排水及地表排水，常见措施有排水沟排水、地漏排水、疏水板排水等，如图 3.6 - 5 所示。

（3）截：截水主要指在地下混凝土结构施工过程中采取措施阻止水进入地下结构或通过降低结构周围地下水水位的方法以阻止地下水进入地下结构。常见措施为截水沟、止水维护、降水井等，如图 3.6 - 6 ～图 3.6 - 8 所示。

图 3.6 - 5　地下混凝土结构排水

图 3.6 - 6　地表截水沟

图 3.6-7 止水维护

图 3.6-8 地下混凝土结构降水

（4）堵：堵是指在地下混凝土结构出现渗漏水时采取堵漏措施，以达到止水效果。常见堵漏措施有：注浆止水、快速封堵、设置刚性防水层、设置柔性防水层、安装止水带等，如图 3.6-9 ~ 图 3.6-13 所示。

常用材料：环氧树脂灌浆材料、聚氨酯灌浆材料、水泥基灌浆材料、水泥-水玻璃灌浆材料、丙烯酸盐灌浆材料等。
钻孔注浆宜用于裂缝、施工缝、变形缝及管道根部；埋管注浆可用于变形缝、孔洞及管道根部；贴嘴注浆可用于裂缝及施工缝渗漏的封堵。

图 3.6-9 注浆止水

常用材料：速凝无级防水堵漏材料，如漏宝等。
宜用于大面积渗漏、孔洞及管道根部渗漏的封堵。

图 3.6-10 快速封堵

常用材料：水泥基渗透结晶型防水涂料、缓凝型无机防水堵漏材料、环氧树脂类防水涂料、聚合物水泥砂浆等。
宜用于施工缝、大面积渗漏及孔洞渗漏的封堵。

图 3.6-11　刚性防水层堵漏

常用材料：Ⅱ型或Ⅲ型聚合物水泥防水涂料等。
可用于管道根部渗漏的封堵。

图 3.6-12　柔性防水层堵漏

常用材料：内置式密封止水带、内装可卸式橡胶止水带等。
宜用于变形缝位置的渗漏封堵。

图 3.6-13　安装止水带

3. 防水等级及适用范围

地下混凝土结构主体防水等级及适用范围，见表 3.6－1 所列。

地下混凝土结构防水等级标准　　　　　　　　　表 3.6－1

防水等级	标准	适用范围
一级	不允许渗水，结构表面无浸渍	人员长期滞留的场所；因有少量浸渍会使物品变质、失效的贮物场所及基本不影响设备正常运转和危及工程安全运营的部位；极重要的战备工程
二级	不允许漏水，结构表面可有少量浸渍。工业与民用建筑：总浸渍面积不应大于总防水面积（包括顶板、墙面、地面）的 1/1000；任意 100m² 防水面积上的浸渍不超过 1 处，单个浸渍的最大面积不大于 0.1m²	人员经常活动的场所；在有少量浸渍的情况下不会使物品变质、失效的贮物场所及基本不影响设备正常运转和危及工程安全运营的部位；重要的战备工程
三级	有漏水点，不得有线流和漏泥砂，任意 100m² 防水面积上的浸渍不超过 7 处，单个漏水点的最大漏水量不大于 2.5L/d，单个浸渍的最大面积不大于 0.3m²	人员临时活动场所，一般战备工程
四级	有漏水点，不得有线流和漏泥砂，整个工程平均漏水量不大于 2.5L/m²·d，任意 100m² 防水面积的平均漏水量不大于 4L/m²·d	对渗漏水无严格要求的工程

3.6.2　地下混凝土结构主体防水施工

地下混凝土结构主体防水施工关键在于"防"，只有防水防护做好后才不会有渗漏治理的麻烦；地下混凝土结构主体防水的施工包括防水混凝土的施工及其他防水材料、防水构造的施工。

1. 防水混凝土的施工

（1）防水混凝土的技术要求

1）防水混凝土多采用预拌混凝土，抗渗等级不得小于 P6；若采用现场拌合混凝土，其施工配合比应通过试验确定，试配混凝土的抗渗等级应比设计要求提高 0.2MPa。

2）防水混凝土应满足抗渗等级要求，并应根据地下混凝土工程所处的环境和工作条件，满足抗压、抗冻和抗侵蚀性等耐久性要求。

3）水泥品种、石子、砂、添加剂及用水的选择必须符合设计要求及相关技术标准要求。

4）防水混凝土采用预拌混凝土时，入泵坍落度宜控制在 120～160mm，坍落度每小时损失值不应大于 20mm，坍落度总损失值不应大于 40mm；预拌混凝土的初凝时间宜为 6～8h，如图 3.6－14 所示。

（2）防水混凝土的构造要求

1）防水混凝土结构底板的混凝土垫

图 3.6－14　防水混凝土坍落度检测

层，强度等级不应小于 C15，厚度不应小于 100mm，在软弱土层中不应小于 150mm。

2）防水混凝土结构厚度不应小于 250mm。

3）裂缝宽度不得大于 0.2mm，并不得贯通。

4）钢筋保护层厚度应根据结构的耐久性和工程环境选用，迎水面钢筋保护层厚度不应小于 50mm。

（3）防水混凝土的施工要求

1）施工准备

防水混凝土施工前应做好方案交底工作，机械、工具、设备准备妥当，消防、环保、临水、临电等均已到位，降、排水工作已完成，确保防水混凝土施工顺利进行，如图 3.6 – 15 所示。

不得在有积水的环境中浇筑混凝土。

图 3.6 – 15　基坑降排水

2）钢筋工程

钢筋工程施工完毕，隐蔽检查验收合格，迎水面钢筋保护层厚度不应小于 50mm，保护层垫块采用与浇筑部位混凝土相同配合比的细石混凝土或砂浆制作而成，严禁用钢筋头、木块代替，或将钢筋用铁钉直接固定在模板上，如图 3.6 – 16、图 3.6 – 17 所示。

重点检查：钢筋规格、连接方式、洞口位置、数量、预埋件的位置、数量、加固措施、保护层厚度等。
预埋套管必须焊有止水翼环。

图 3.6 – 16　钢筋隐蔽验收

图 3.6 – 17　混凝土垫块制作

3）模板工程

模板要有足够的强度、刚度，安装平整，接缝严密不漏浆；模板支撑体系牢固可靠、稳定性良好，装拆方便。

模板的对拉螺栓可采用工具式螺栓、螺栓焊止水片、对拉螺栓穿 PVC 管后堵孔等做法，如图 3.6 – 18、图 3.6 – 19 所示。

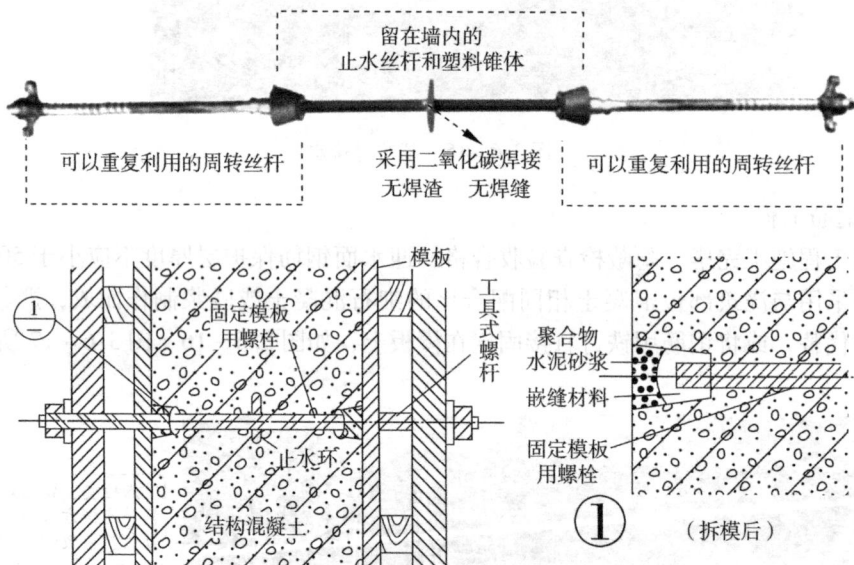

图 3.6 – 18　工具式螺栓

4）混凝土工程

防水混凝土浇筑时，外墙抗渗混凝土和内墙非抗渗混凝土交接处先浇筑抗渗混凝土，且抗渗混凝土浇入内墙不少于 300mm 的距离，分层浇筑时非抗渗混凝土每层应低于抗渗混凝土厚度。

有施工缝时，应将混凝土表面凿毛、清理、冲洗干净并湿润，混凝土浇筑前先铺一层 3～5cm 厚水泥砂浆（即原配合比去掉石子）或同一配合比的减石子混凝土，然后再分层浇筑混凝土。混凝土自由倾落高度不应大于 2m，如高度超过 3m，要用串筒或溜槽下落。

机械振捣时不应漏振或过振，振捣延续时间应使混凝土表面浮浆、无气泡、不下沉为止。铺灰和振捣应选择对称位置开始，防止模板走动，结构断面较小，钢筋密集的部位严格按分层浇筑、分层振捣的要求操作，浇筑到最上层表面，必须用木抹找平，使表面密实平整。

混凝土浇筑完毕，根据混凝土所处环境选择合适的养护方法并安排专人养护不少于 14d。

5）冬期施工

防水混凝土的冬期施工时，混凝土入模温度不应低于 5℃；混凝土浇筑完毕应采取保湿保温措施进行养护，养护应采用综合蓄热法、蓄热法、暖棚法、掺化学外加剂等方法，不得采用电热法或蒸气直接加热法，如图 3.6－20、图 3.6－21 所示。

2. 卷材防水的施工

（1）卷材防水的技术要求

1）卷材防水层宜用于经常处在地下水环境，且受侵蚀性介质作用或受振动作用的地下工程，如图 3.6－22 所示。

图 3.6－19　螺栓焊止水片

图 3.6－20　蓄热法养护

图 3.6－21　暖棚法养护

2）防水卷材的品种规格和层数，应根据地下工程防水等级、地下水位高低及水压力作用状况、结构构造形式和施工工艺等因素确定。

3）防水卷材外观质量、品种规格应符合国家现行有关标准的规定；卷材及其胶粘剂应具有良好的耐水性、耐久性、耐刺穿性、耐腐蚀性和耐菌性。

（2）卷材防水的施工

1）卷材防水层的基面应坚实、平整、清洁，阴阳角处应做圆弧或折角，并应符合所用卷材的施工要求，如图 3.6－23、图 3.6－24 所示。

卷材防水层应铺设在混凝土结构的迎水面。且应铺设在结构底板垫层至墙体防水设防高度的结构基面上，并应在外围形成封闭的防水层。

图 3.6－22　卷材防水

防水卷材施工前，基面应干净、干燥，并应涂刷基层处理剂。基层处理剂应与卷材及其粘结材料的材性相容；基层处理剂喷涂或刷涂应均匀一致，不应露底，表面干燥后方可铺贴卷材。当基面潮湿时，应涂刷湿固化型胶粘剂或潮湿界面隔离剂。

图 3.6－23　卷材防水施工

在阴阳角等特殊部位，应增做卷材加强层，加强层宽度宜为300～500mm。

图 3.6－24　卷材防水

2）卷材与基面、卷材与卷材间的粘结应紧密、牢固；铺贴完成的卷材应平整顺直，搭接尺寸应准确，不得产生扭曲和皱折；卷材搭接处和接头部位应粘贴牢固，接缝口应封严或采用材性相容的密封材料封缝，如图3.6-25、图3.6-26所示。

铺贴双层卷材时，上下两层和相邻两幅卷材的接缝应错开1/3~1/2幅宽，且两层卷材不得相互垂直铺贴。

图3.6-25 卷材防水施工

结构底板垫层混凝土部位的卷材可采用空铺法或点粘法施工，其粘结位置、点粘面积应按设计要求确定。

点粘法　空铺法

图3.6-26 卷材防水施工

3）采用外防外贴法铺贴卷材防水层时，应符合下列规定：

外防外贴法卷材铺贴时，应先铺平面，后铺立面，交接处应交叉搭接；从底面折向立面的卷材与永久性保护墙的接触部位，应采用空铺法施工；卷材与临时性保护墙或围护结构模板的接触部位，应将卷材临时贴附在该墙上或模板上，并应将顶端临时固定，如图3.6-27所示。

防水卷材上翻到保护墙顶部，并砌一皮砖临时固定。

图3.6-27 防水保护墙

当不设保护墙时，从底面折向立面的卷材接槎部位应采取可靠的保护措施。

混凝土结构完成，铺贴立面卷材时，应先将接槎部位的各层卷材揭开，并应将其表面清理干净，如卷材有局部损伤，应及时进行修补；卷材接槎的搭接长度，高聚物改性沥青类卷材应为150mm，合成高分子类卷材应为100mm；当使用两层卷材时，卷材应错槎接缝，上层卷材应盖过下层卷材。

卷材防水层甩槎、接槎构造如图 3.6 - 28 所示。

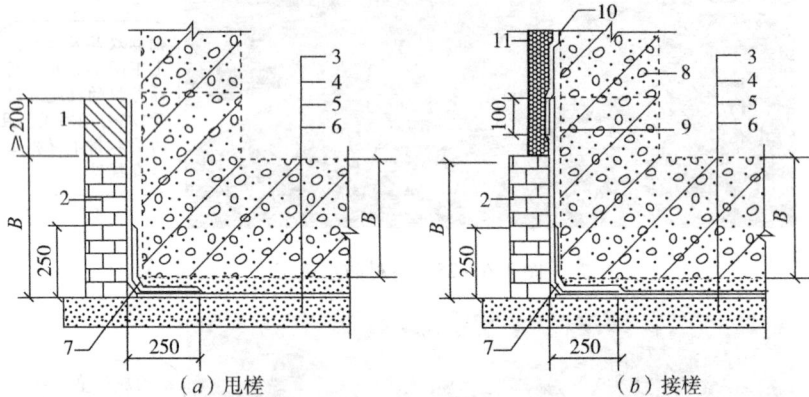

图 3.6 - 28　防水甩槎、接槎构造

1—临时保护墙；2—永久保护墙；3—细石混凝土保护层；4—卷材防水层；
5—水泥砂浆找平层；6—混凝土垫层；7—卷材加强层；8—结构墙体；
9—卷材加强层；10—卷材防水层；11—卷材保护层

4）采用外防内贴法铺贴卷材防水层时，应符合下列规定：

混凝土结构的保护墙内表面应抹厚度为20mm的1:3水泥砂浆找平层，然后铺贴卷材，如图 3.6 - 29 所示。

5）铺贴卷材严禁在雨天、雪天、五级及以上大风中施工；冷粘法、自粘法施工的环境气温不宜低于5℃，热熔法、焊接法施工的环境气温不宜低于 - 10℃。施工过程中下雨或下雪时，应做好已铺卷材的防护工作。

6）不同品种防水卷材的搭接宽度，见表 3.6 - 2 所列。

3. 涂料防水

（1）涂料防水的技术要求

涂料防水层应包括无机防水涂料和有机防水涂料。无机防水涂料可选用掺外加剂、掺合料的水泥基防水涂料、水泥基渗透结晶型防水涂料；有机防水涂料可选用反应型、水乳型、聚合物水泥等涂料，如图 3.6 - 30、图 3.6 - 31 所示。

卷材宜先铺立面，后铺平面；铺贴立面时，应先铺转角，后铺大面。

图 3.6 - 29　保护墙卷材铺贴

防水卷材搭接宽度   表3.6-2

卷材品种	搭接宽度(mm)	卷材品种	搭接宽度(mm)
弹性体改性沥青防水卷材	100	聚氯乙烯防水卷材	60/80(单焊缝/双焊缝)
改性沥青聚乙烯胎防水卷材	100		100(胶粘剂)
自粘聚合物改性沥青防水卷材	80	聚乙烯丙纶复合防水卷材	100(胶结料)
三元乙丙橡胶防水卷材	100/60(胶粘剂/胶粘带)	高分子自粘胶膜防水卷材	70/80(自粘胶/胶粘带)

有机防水涂料宜用于地下工程主体结构的迎水面。水泥基渗透结晶型防水涂料的用量不应小于1.5kg/m²,且厚度不应小于1.0mm;有机防水涂料的厚度不得小于1.2mm。

图3.6-30 水泥基渗透结晶型防水层施工

无机防水涂料宜用于结构主体的背水面,且应具有较高的抗渗性,与基层有较好的粘结性。

聚合物水泥防水应选用Ⅱ型产品。掺外加剂、掺合料的水泥基防水涂料厚度不得小于3.0mm。

图3.6-31 聚合物水泥基防水层施工

(2)防水涂料的选择要求

防水涂料品种的选择应符合以下要求:

1)潮湿基层宜选用与潮湿基面粘结力大的无机防水涂料或有机防水涂料,也可采用先涂无机防水涂料而后再涂有机防水涂料,构成复合防水涂层。

2)冬期施工宜选用反应型涂料。

3)埋置深度较深的重要工程、有振动或有较大变形的工程,宜选用高弹性防水涂料。

4）有腐蚀性的地下环境宜选用耐腐蚀性较好的有机防水涂料，并应做刚性保护层。

5）采用有机防水涂料时，基层阴阳角应做成圆弧形，阴角直径宜大于 50mm，阳角直径宜大于 10mm，在底板转角部位应增加胎体增强材料，并应增涂防水涂料。

6）防水涂料宜采用外防外涂或外防内涂，如图 3.6－32、图 3.6－33 所示。

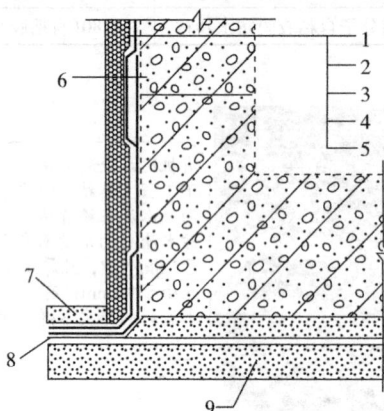

图 3.6－32　防水涂料外防外涂构造

1—保护墙；2—砂浆保护层；3—涂料防水层；
4—砂浆找平层；5—结构墙体；6—涂料防水层加强层；
7—涂料防水层搭接部位保护层；8—涂料防水层搭接部位；
9—混凝土垫层

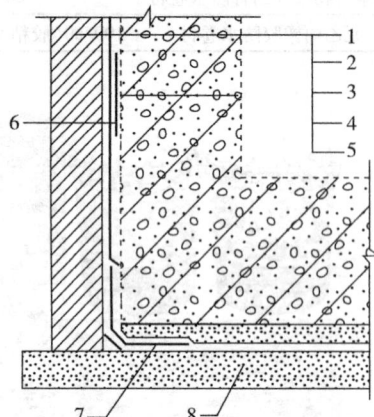

图 3.6－33　防水涂料外防内涂构造

1—保护墙；2—涂料保护层；3—涂料防水层；
4—找平层；5—结构墙体；
6、7—涂料防水加强层；8—混凝土垫层

（3）防水涂料的施工

1）无机防水涂料基层表面应干净、平整、无浮浆和明显积水；有机防水涂料基层表面应基本干燥，不应有气孔、凹凸不平、蜂窝麻面等缺陷，如图 3.6－34 所示。

2）防水涂料应分层刷涂或喷涂，涂层应均匀，不得漏刷漏涂；接槎宽度不应小于100mm；铺贴胎体增强材料时，应使胎体层充分浸透防水涂料，不得有露槎及褶皱，如图3.6－35、图 3.6－36 所示。

图 3.6－34　基层处理

有阴阳角时，涂料施工前，基层阴阳角应做成圆弧形。

防水涂料的配制应按涂料的技术要求进行。

图 3.6－35　PVC 防水涂料施工

3）有机防水涂料施工完后应及时做保护层，底板、顶板应采用20mm 厚 1∶2.5 水泥砂浆层和40～50mm 厚的细石混凝土保护层，防水层与保护层之间宜设置隔离层；侧墙背水面保护层应采用 20mm 厚 1∶2.5 水泥砂浆；侧墙迎水面保护层宜选用软质保护材料或 20mm 厚 1∶2.5 水泥砂浆，如图 3.6-37、图 3.6-38 所示。

4）涂料防水层严禁在雨天、雾天、五级及以上大风时施工，不得在施工环境温度低于 5℃ 及高于 35℃ 或烈日暴晒时施工。涂膜固化前如有降雨可能时，应及时做好已完涂层的保护工作。

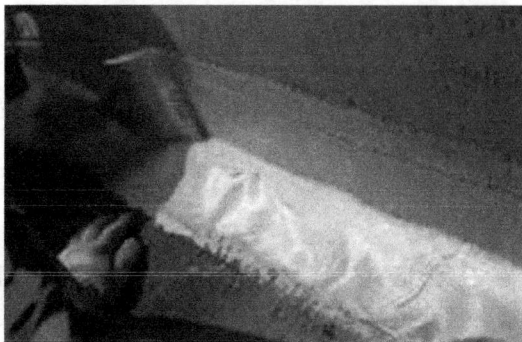

图 3.6-36　胎体增强材料铺贴

图 3.6-37　防水保护层施工

图 3.6-38　防水保护层

4. 水泥砂浆防水

（1）防水砂浆的分类及涂刷要求

防水砂浆应包括聚合物水泥防水砂浆、掺外加剂或掺合料的防水砂浆。

防水砂浆宜采用多层抹压法施工。聚合物水泥防水砂浆厚度单层施工宜为 6~8mm，双层施工宜为 10~12mm；掺外加剂或掺合料的水泥防水砂浆厚度宜为 18~20mm。

水泥砂浆防水层的基层混凝土强度或砌体用的砂浆强度均不应低于设计值的 80%。

（2）防水砂浆的施工

1）基层表面应平整、坚实、清洁，并应充分湿润、无明水；基层表面的孔洞、缝隙，应采用与防水层相同的防水砂浆堵塞并抹平。

2）施工前应将预埋件、穿墙管预留凹槽内嵌填密封材料后，再施工水泥砂浆防水层。

3）水泥砂浆防水层应分层铺抹或喷射，铺抹时应压实、抹平，最后一层表面应提浆压光。

4）水泥砂浆防水层不得在雨天、五级及以上大风中施工。冬期施工时，气温不应低于 5℃。夏季不宜在 30℃ 以上或烈日照射下施工。

5）水泥砂浆防水层终凝后，应及时进行养护，养护温度不宜低于 5℃，并应保持砂浆表面湿润，养护时间不得少于 14d。

6）聚合物水泥防水砂浆未达到硬化状态时，不得浇水养护或直接受雨水冲刷，硬化后应采用干湿交替的养护方法。潮湿环境中，可在自然条件下养护。

3.6.3 地下混凝土结构细部防水施工

地下混凝土结构细部防水部位主要有变形缝（诱导缝）、施工缝、后浇带、穿墙管件、预埋件、预留通道接口、桩头等。

1. 变形缝

（1）一般规定

变形缝宽度宜为 20～30mm，满足密封防水、适应变形、施工方便、检修容易等要求，且变形缝处混凝土结构的厚度不应小于 300mm，宽度不小于 700mm，如图 3.6-39～图 3.6-41 所示。

图 3.6-39　变形缝

用于伸缩的变形缝宜少设，可根据不同的工程结构类别、工程地质情况采用后浇带、加强带、诱导缝等替代措施。

图 3.6-40　防水后浇带

用于沉降的变形缝最大允许沉降差不应大于30mm，且应从建筑基础到顶部全部断开。

图 3.6-41　沉降变形缝

（2）常用的防水构造措施

变形缝的防水构造措施可根据工程开挖方法、防水等级进行选择，如图 3.6 - 42 ~ 图 3.6 - 45 所示。

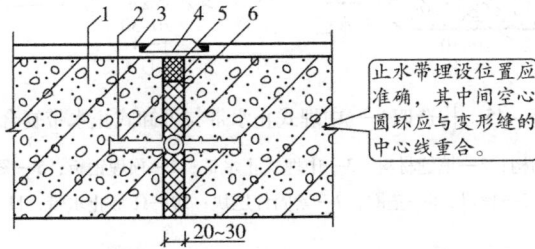

止水带埋设位置应准确，其中间空心圆环应与变形缝的中心线重合。

图 3.6 - 42　构造一——中埋式止水带与嵌缝材料复合使用

1—混凝土结构；2—中埋式止水带；3—防水层；4—隔离层；
5—密封材料；6—填缝材料

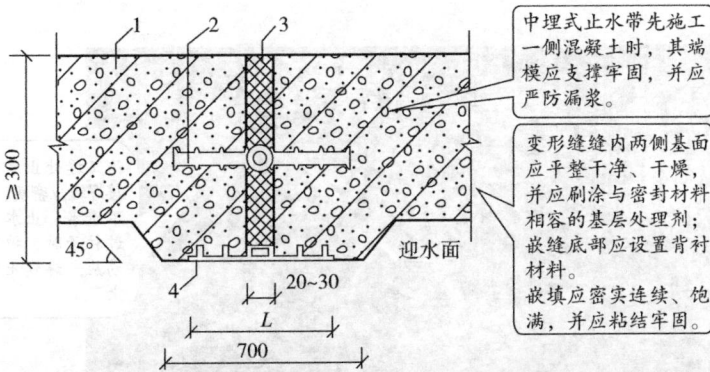

中埋式止水带先施工一侧混凝土时，其端模应支撑牢固，并应严防漏浆。

变形缝内两侧基面应平整干净、干燥，并应刷涂与密封材料相容的基层处理剂；嵌缝底部应设置背衬材料。
嵌填应密实连续、饱满，并应粘结牢固。

图 3.6 - 43　构造二——中埋式止水带与外贴防水层复合使用

1—混凝土结构；2—中埋式止水带；3—填缝材料；4—外贴止水带
外贴式止水带 L≥300；外贴防水卷材 L≥400；外涂防水涂层 L≥400

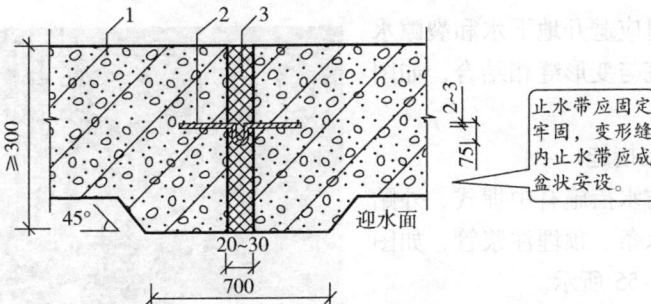

止水带应固定牢固，变形缝内止水带应成盆状安设。

图 3.6 - 44　构造三——中埋式金属止水带

1—混凝土结构；2—金属止水带；3—填缝材料

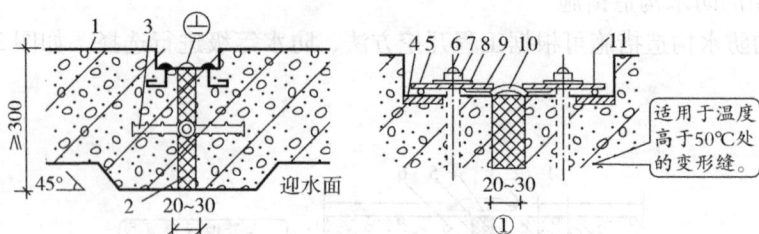

图 3.6 - 45　构造四——中埋式止水带与可卸式止水带复合使用

1—混凝土结构；2—填缝材料；3—中埋式止水带；4—预埋钢板；5—紧固件压板；
6—预埋螺栓；7—螺母；8—垫圈；9—紧固件压块；10—Ω 形止水带；11—紧固件圆钢

2. 施工缝

（1）水平缝

水平施工缝不应留在剪力最大处或底板与侧墙的交接处，应留在高处底板表面 ≥ 300mm 的墙体上；板墙结合处的，宜留在板墙接缝以下 150 ~ 300mm 处；墙体有预留洞时，施工缝距孔洞边缘应 ≥ 300mm。水平施工缝如图 3.6 - 46 所示。

施工缝处止水钢板焊接焊缝应密实、饱满，不透水；止水钢板穿过柱子时，被割断箍筋应点焊到止水钢板上。

图 3.6 - 46　水平施工缝

（2）垂直缝

垂直缝留设时应避开地下水和裂隙水较多的地段，并宜与变形缝相结合，如图 3.6 - 47 所示。

（3）常用防水措施

施工缝常用防水措施有中埋式、外贴式、遇水膨胀止水条、预埋注浆管，如图 3.6 - 48 ~ 图 3.6 - 55 所示。

3. 后浇带

（1）一般规定

后浇带宜用于不允许留设变形缝的工

外墙垂直施工缝兼做变形缝。

图 3.6 - 47　垂直施工缝

图 3.6 – 48　中埋式钢板止水带

图 3.6 – 49　中埋式橡胶止水带

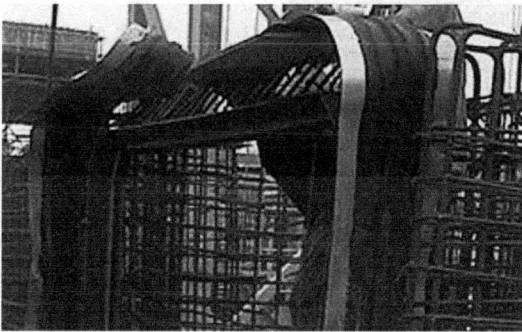

图 3.6 – 50　中埋式钢边橡胶止水带

图 3.6 – 51　中埋式丁基橡胶自粘止水带

图 3.6 – 52　外贴止水带

图 3.6 – 53　遇水膨胀止水条

图 3.6 – 54　遇水膨胀止水胶

图 3.6 – 55　预埋注浆管

程部位，宽度宜为 700～1000mm；后浇带浇筑用混凝土应采用补偿收缩混凝土浇筑，其抗渗和抗压强度等级不应低于两侧混凝土，浇筑时间应在两侧混凝土龄期达到 42d 后再施工；高层建筑的后浇带施工应按规定时间进行，一般不少于 60d，如图 3.6－56 所示。

后浇带应一次性浇筑完毕，不得留置施工缝，浇筑完毕养护时间不少于28d。

图 3.6－56　后浇带

（2）防水构造措施

后浇带常用防水构造措施有：遇水膨胀止水条（胶）、外贴式止水带，如图 3.6－57～图 3.6－61 所示。

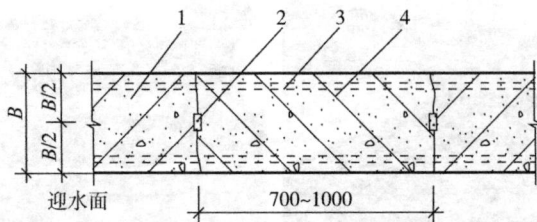

图 3.6－57　后浇带防水构造一

1—先浇混凝土；2—遇水膨胀止水条（胶）；3—结构主筋；4—后浇补偿收缩混凝土

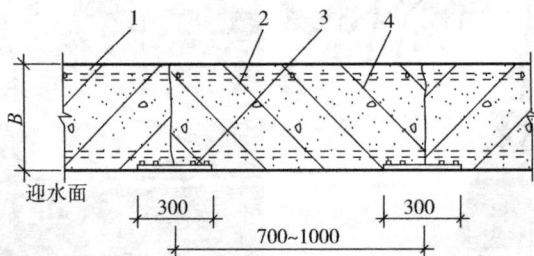

图 3.6－58　后浇带防水构造二

1—先浇混凝土；2—结构主筋；3—外贴式止水带；4—后浇补偿收缩混凝土

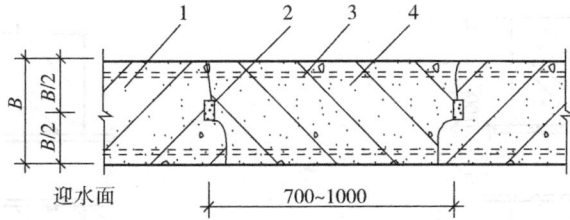

图 3.6 – 59　后浇带防水构造三

1—先浇混凝土；2—遇水膨胀止水条（胶）；3—结构主筋；4—后浇补偿收缩混凝土

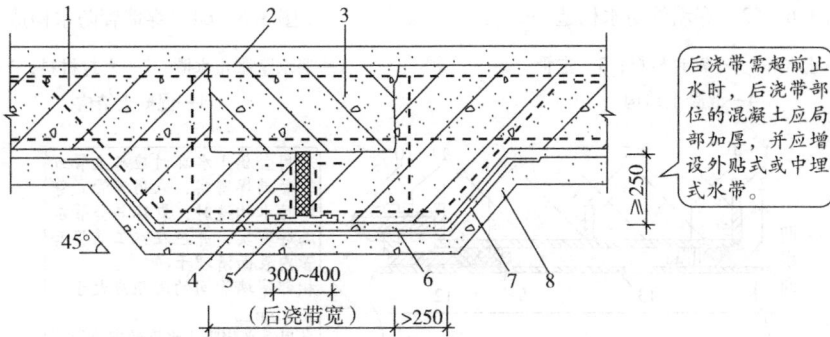

图 3.6 – 60　后浇带防水构造四

1—混凝土结构；2—钢丝网片；3—后浇带；4—填缝材料；5—外贴式止水带；

6—细石混凝土保护层；7—卷材防水层；8—垫层混凝土

4. 穿墙管件

（1）一般规定

穿墙管件应在浇筑混凝土前预埋，且与内墙角、凹凸部位的距离应大于 250mm，如图 3.6 – 62 所示。

图 3.6 – 61　超前止水后浇带

图 3.6 – 62　穿墙套管

（2）防水构造措施

结构变形或管道伸缩量较小时，穿墙管可采用主管直接埋入混凝土内的固定式防水法，主管应加焊止水环或环绕遇水膨胀止水圈，并应在迎水面预留凹槽，槽内应采用密封材料嵌填密实，如图 3.6 – 63、图 3.6 – 64 所示。

结构变形或管道伸缩量较大时，应采用套管式防水法，套管应加焊止水环，如图 3.6 – 65 所示。

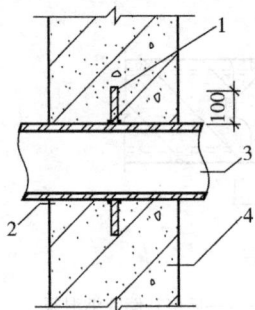

图 3.6－63　穿墙管防水构造一

1—止水环；2—密封材料；3—主管；
4—混凝土结构

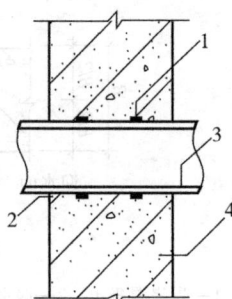

图 3.6－64　穿墙管防水构造二

1—遇水膨胀止水圈；2—密封材料；3—主管；
4—混凝土结构

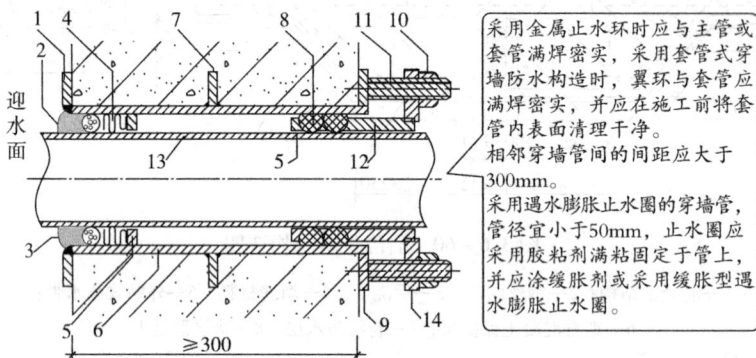

采用金属止水环时应与主管或套管满焊密实，采用套管式穿墙防水构造时，翼环与套管应满焊密实，并应在施工前将套管内表面清理干净。
相邻穿墙管间的间距应大于300mm。
采用遇水膨胀止水圈的穿墙管，管径宜小于50mm，止水圈应采用胶粘剂满粘固定于管上，并应涂缓胀剂或采用缓胀型遇水膨胀止水圈。

图 3.6－65　套管式穿墙防水构造

1—翼环；2—密封材料；3—背衬材料；4—充填材料；5—挡圈；6—套管；7—止水环；
8—橡胶圈；9—翼盘；10—螺母；11—双头螺栓；12—短管；13—主管；14—法兰盘

　　穿墙管线较多时，宜相对集中，并应采用穿墙盒方法。穿墙盒的封口钢板应与墙上的预埋角钢焊严，并应从钢板上的预留浇筑孔注入柔性密封材料或细石混凝土，如图 3.6－66、图 3.6－67 所示。

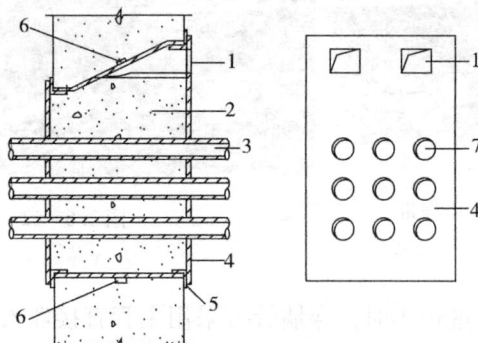

图 3.6－66　穿墙群管防水构造

1—浇筑孔；2—柔性材料或细石混凝土；3—穿墙管；4—封口钢板；
5—固定角钢；6—遇水膨胀止水条；7—预留孔

穿墙管伸出外墙的部位，应采取防止回填时将管体损坏的措施。

图 3.6-67 穿墙群管

5. 埋设件

结构上的埋设件应采用预埋或预留孔（槽）等，埋设件端部或预留孔（槽）底部的混凝土厚度不得小于 250mm，当厚度小于 250mm 时，应采取局部加厚或其他防水措施，如图 3.6-68 所示。

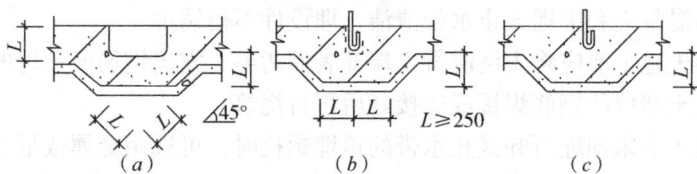

图 3.6-68 埋设件预留

（a）预留槽；（b）预留孔；（c）预埋件

预留孔（槽）内的防水层，宜与孔（槽）外的结构防水层保持连续。

6. 预留通道接头

预留通道接头应采取变形缝防水构造形式，如图 3.6-69、图 3.6-70 所示。

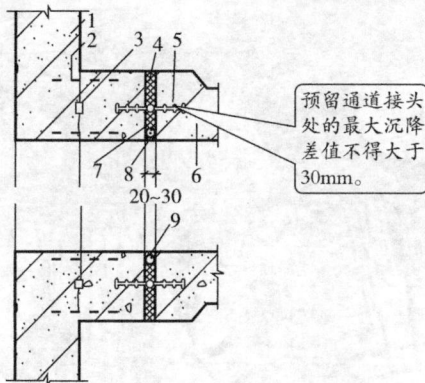

预留通道接头处的最大沉降差值不得大于 30mm。

图 3.6-69 预留通道接头防水构造一

1—先浇混凝土结构；2—连接钢筋；3—遇水膨胀止水条（胶）；4—填缝材料；5—中埋式止水带；
6—后浇混凝土结构；7—遇水膨胀橡胶条（胶）；8—密封材料；9—填充材料

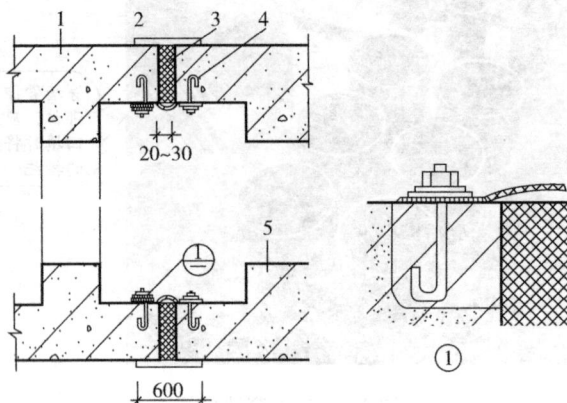

图 3.6 – 70　预留通道接头防水构造二

1—先浇混凝土结构；2—防水涂料；3—填缝材料；4—可卸式止水带；
5—后浇混凝土结构

预留通道先施工部位的混凝土、中埋式止水带和防水相关的预埋件等应及时保护，并应确保端部表面混凝土和中埋式止水带清洁，埋设件不得锈蚀。

在接头混凝土施工前应将先浇混凝土端部表面凿毛，露出钢筋或预埋的钢筋接驳器钢板，与待浇混凝土部位的钢筋焊接或连接好后再行浇筑。

当先浇混凝土中未预埋可卸式止水带的预埋螺栓时，可选用金属或尼龙的膨胀螺栓固定可卸式止水带。采用金属膨胀螺栓时，可选用不锈钢材料或用金属涂膜、环氧涂料等涂层进行防锈处理。

7. 桩头

桩头防水如图 3.6 – 71 所示。

涂刷水泥基渗透结晶型防水涂料时，应连续、均匀，不得少涂或漏涂，并应及时进行养护。

桩头所用防水材料应具有良好的粘结性、湿固化性；桩头防水材料应与垫层防水层连为一体。

图 3.6 – 71　桩头防水

桩头防水构造形式如图 3.6-72、图 3.6-73 所示。

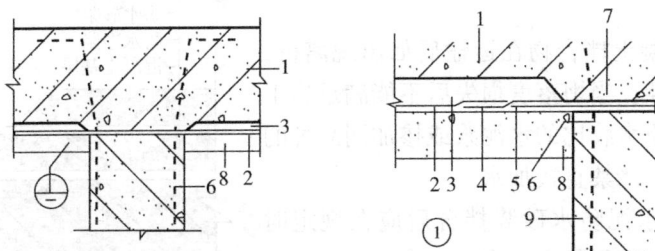

图 3.6-72 桩头防水构造一

1—结构底板；2—底板防水层；3—细石混凝土保护层；4—防水层；5—水泥基渗透结晶型防水涂料；

6—桩基受力筋；7—遇水膨胀止水条（胶）；8—混凝土垫层；9—桩基混凝土

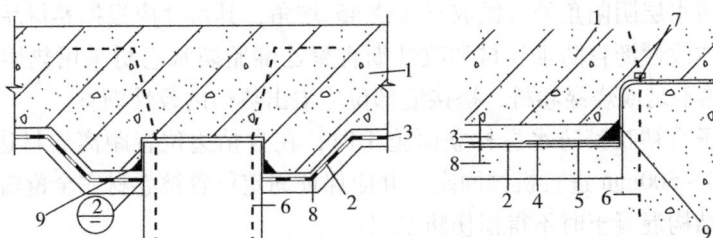

图 3.6-73 桩头防水构造二

1—结构底板；2—底板防水层；3—细石混凝土保护层；4—聚合物水泥防水砂浆；

5—水泥基渗透结晶型防水涂料；6—桩基受力筋；7—遇水膨胀止水条（胶）；

8—混凝土垫层；9—密封材料

3.6.4 地下混凝土结构防水施工质量控制要点

1. 地下混凝土结构主体防水施工质量控制要点

（1）地下混凝土结构迎水面应采用防水混凝土，并应根据防水等级的要求采取其他防水措施，如图 3.6-74 所示。

图 3.6-74 地下混凝土结构迎水面防水

（2）防水混凝土应分层连续浇筑，分层厚度不得大于 500mm。

（3）防水混凝土拌合物在运输后如出现离析，必须进行二次搅拌。当坍落度损失后不能满足施工要求时，应加入原水胶比的水泥浆或掺加同品种的减水剂进行搅拌，严禁直接加水。

（4）聚合物水泥防水砂浆拌合后应在规定时间内用完，施工中不得任意加水。

（5）水泥砂浆防水层各层应紧密粘合，每层宜连续施工；必须留设施工缝时，应采用阶梯坡形

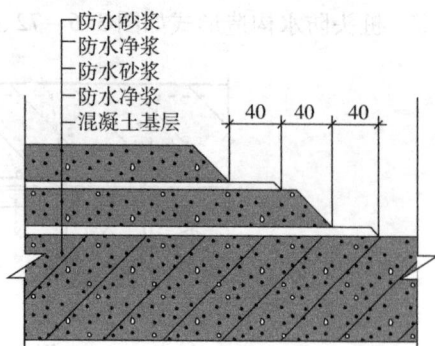

图 3.6 – 75　防水砂浆留槎

槎，但离阴阳角处的距离不得小于 200mm，如图 3.6 – 75 所示。

（6）卷材防水层阴阳角处应做成圆弧或 45°坡角，其尺寸应根据卷材品种确定。

（7）弹性体改性沥青防水卷材和改性沥青聚乙烯胎防水卷材采用热熔法施工应加热均匀，不得加热不足或烧穿卷材，搭接缝部位应溢出热熔的改性沥青。

（8）高分子自粘胶膜防水卷材立面施工时，在自粘边位置距离卷材边缘 10～20mm 内，应每隔 400～600mm 进行机械固定，并应保证固定位置被卷材完全覆盖。

（9）浇筑结构混凝土时不得损伤防水层。

2. 地下混凝土结构细部防水施工质量控制要点

（1）止水带的接缝宜为一处，应设在边墙较高位置上，不得设在结构转角处，接头宜采用热压焊接。

（2）变形缝与施工缝均用外贴式止水带（中埋式）时，其相交部位宜采用十字配件；变形缝用外贴式止水带的转角部位宜采用直角配件，如图 3.6 – 76 ～图 3.6 – 79 所示。

图 3.6 – 76　外贴式止水带十字配件

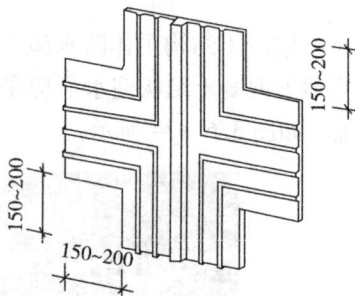

图 3.6 – 77　外贴式止水带在施工缝与变形缝
相交处的十字配件

图 3.6 – 78　外贴式止水带直角配件

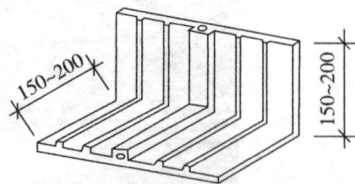

图 3.6 – 79　外贴式止水带在转角处的配件

（3）后浇带混凝土施工前，后浇带部位和外贴式止水带部位应清理干净，防止杂物损伤外贴止水带，如图 3.6 - 80 所示。

图 3.6 - 80 后浇带清理

3.6.5 地下混凝土结构防水质量检查与验收

地下混凝土结构防水的施工，应建立各道工序的自检、交接检、专职人员检查的三检制度，并有完整的检查记录。未经建设或监理单位对上道工序的检查验收，不得进行下道工序的施工。

1. 防水混凝土

（1）主控项目

防水混凝土的原材料、配合比及坍落度必须符合设计要求，检查出厂合格证、质量检验报告、计量措施和现场抽样复验报告。防水混凝土的抗压强度和抗渗压力必须符合设计要求，检查混凝土抗压、抗渗试验报告。防水混凝土的变形缝、施工缝、后浇带、穿墙管道、埋设件等设置和构造，均必须符合要求，严禁有渗漏。应进行观察检查和检查隐蔽工程验收记录。

（2）一般项目

防水混凝土施工完毕，观察表面光滑、坚实、平整，不得有蜂窝、麻面、露筋、隐筋等缺陷；用刻度放大镜检查混凝土表面不应有大于 0.2mm 的裂纹，并不得贯通；用尺量检查防水混凝土结构厚度不应小于 250mm，其允许偏差为 + 15mm， - 10mm；迎水面钢筋保护层厚度不小于 50mm，检查隐蔽工程验收记录。

2. 防水卷材

（1）主控项目

卷材防水层所用卷材材料必须符合设计要求，检查出厂合格证、质量检验报告和现场抽样复验报告；观察检查卷材防水层及阴阳角、变形缝、穿墙管件等细部做法必须符合设计要求。检查隐蔽工程验收记录。

（2）一般项目

观察卷材防水层的基层平整、洁净、牢固，不得有空鼓、松动、起砂和脱皮现象，观察卷材防水层的搭接缝应粘结牢固，密封严密，不得有折皱、翘边和鼓泡等缺陷，卷材搭接宽度的允许偏差为 –10mm。

3. 防水涂料

（1）主控项目

涂料防水层所用材料及配合比必须符合设计要求，检查出厂合格证、质量检验报告和现场抽样复验报告；观察检查卷材防水层及阴阳角处、变形缝、穿墙管件等细部做法必须符合设计要求。检查隐蔽工程验收记录。

（2）一般项目

观察涂料防水层的基层平整、洁净、牢固，不得有空鼓、松动、起砂和脱皮现象；观察涂料防水层与基层粘结牢固，密封严密，不得有折皱、翘边、胎体外露和鼓泡等缺陷。针测法或割取 20mm×20mm 实样用卡尺测量，检查涂层的平均厚度应符合设计要求，最小厚度不得小于设计厚度的 80%。

4. 防水砂浆

（1）主控项目

防水砂浆所用材料及配合比必须符合设计要求，检查出厂合格证、质量检验报告和现场抽样复验报告；观察和用小锤敲击检查，水泥砂浆防水层各层间必须结合牢固，无空鼓现象。

（2）一般项目

观察水泥砂浆防水层的基层平整、洁净、牢固，不得有空鼓、松动、起砂和脱皮现象；观察水泥砂浆防水层施工缝留槎位置正确，接槎应按层次次序操作，层次搭接紧密。检查隐蔽工程验收记录。观察和尺量检查水泥砂浆防水层的厚度符合设计要求，最小厚度不得小于设计厚度的 85%。

3.7 建筑外墙防水

3.7.1 基本规定

建筑外墙是建筑物的重要围护部分，起着保温、隔热、挡风、遮雨的作用。外墙渗漏不仅影响建筑物的使用寿命和结构安全，而且还直接影响使用功能，因此要重视建筑外墙的防水功能，如图 3.7 – 1 所示。

建筑外墙应具有防止雨雪水入侵墙体，保护火灾情况下的安全性，可承受风荷载的作用及可抵御冻融和夏季高温破坏的作用。

图 3.7 – 1 建筑外墙

3.7.2 外墙防水设防要求

（1）建筑外墙防水层应设置在迎水面。

（2）建筑外墙防水所用材料及配套材料除应符合外墙各构造层的要求外，还应满足安全及环保要求。

3.7.3 外墙防水构造

1. 无外保温外墙

（1）涂料饰面防水构造

建筑外墙饰面为涂料时，防水层应设置在找平层和涂料饰面层之间，防水层宜采用普通防水砂浆或聚合物水泥防水砂浆，如图3.7-2、图3.7-3所示。

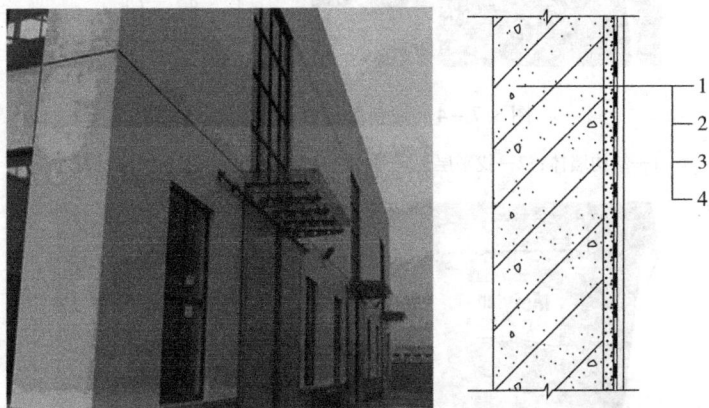

图3.7-2 涂料饰面外墙防水构造

1—结构墙体；2—找平层；3—防水层；4—涂料面层

砂浆防水层中可增设耐碱玻璃纤维网或热镀锌电焊网增强，并宜用锚栓固定于结构墙体中。

图3.7-3 聚合物水泥防水砂浆施工

（2）块材饰面防水构造

建筑外墙饰面为块材时，防水层应设置在找平层和块材粘结层之间，防水层宜采用普通防水砂浆或聚合物水泥防水砂浆，如图3.7-4、图3.7-5所示。

（3）幕墙饰面防水构造

建筑外墙饰面为幕墙饰面时，防水层应设置在找平层和幕墙饰面层之间，防水层宜采用普通防水砂浆、聚合物水泥防水砂浆、聚合物水泥防水涂料、聚合物乳液防水涂料或聚氨酯防水涂料，如图 3.7-6 所示。

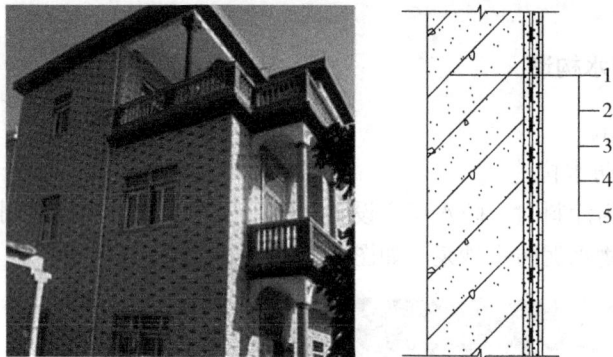

图 3.7-4　块料饰面外墙防水构造

1—结构墙体；2—找平层；3—防水层；4—粘结层；5—饰块材面层

图 3.7-5　普通防水砂浆施工

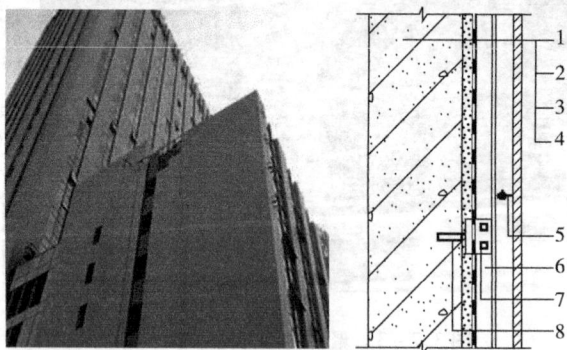

图 3.7-6　幕墙饰面外墙防水构造

1—结构墙体；2—找平层；3—防水层；4—面板；5—挂件；
6—竖向龙骨；7—连接件；8—锚栓

2. 有外保温外墙

（1）采用涂料或块料饰面时，防水层宜设置在保温层和墙体基层之间，防水层可采用普通水泥砂浆和聚合物水泥砂浆，如图 3.7-7 所示。

（2）采用幕墙饰面时，设在找平层上的防水层宜采用普通防水砂浆、聚合物水泥防水砂浆、聚合物水泥防水涂料、聚合物乳液防水涂料或聚氨酯防水涂料；当保温层选用矿物棉保温材料时，防水层宜采用防水透气膜，如图 3.7-8 所示。

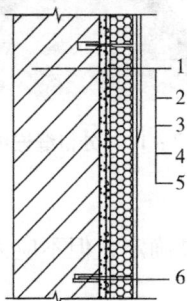

图 3.7-7 涂料或块材饰面外保温外墙防水构造

1—结构墙体；2—找平层；3—防水层；4—保温层；
5—饰面层；6—锚栓

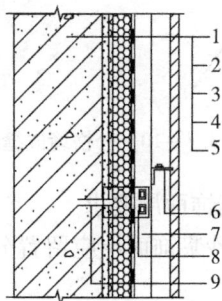

图 3.7-8 幕墙饰面外保温防水构造

1—结构墙体；2—找平层；3—保温层；4—防水透气膜；
5—面板；6—挂件；7—竖向龙骨；8—连接件；9—锚栓

3. 防水层最小厚度

防水层最小厚度要求见表 3.7-1 所列。

防水层最小厚度 表 3.7-1

墙体基层种类	饰面层种类	聚合物水泥防水砂浆		普通防水砂浆	防水涂料
		干粉类	乳液		
现浇混凝土	涂料				1.0mm
	面砖	3mm	5mm	8mm	—
	幕墙				1.0mm
砌体	涂料				1.0mm
	面砖	5mm	8mm	10mm	—
	干挂幕墙				1.2mm

4. 外墙砂浆防水层及饰面层要求

（1）外墙砂浆防水层要求

外墙砂浆防水层宜设置分格缝，分格缝宜设置在墙体结构不同材料交接处。水平分格缝宜与窗口上沿或下沿平齐；垂直分格缝间距不大于 6m，且宜与门、框两边对齐。分格缝宽宜为 8~10mm，缝内应采用密封材料或防水涂料做密封处理，涂膜处理时涂层厚度不小于 1.2mm，如图 3.7-9~图 3.7-11 所示。

图 3.7-9 分格缝

分格缝可在抹灰前预埋PVC分格条，施工完毕，取出分格条，用建筑密封膏嵌缝。

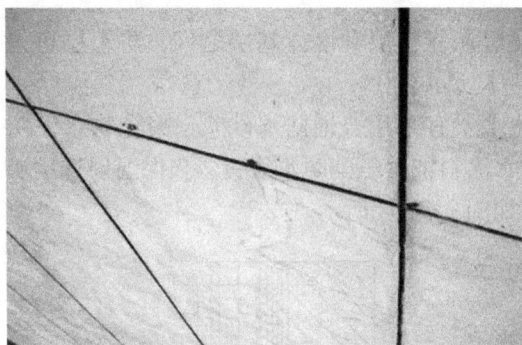

图 3.7 - 10　分格缝嵌缝一　　　　　　　　图 3.7 - 11　分格缝嵌缝二

（2）外墙饰面层要求

1）防水砂浆饰面层应留置分格缝，分格缝间距根据层高确定，但不应大于6m，缝宽为 8 ~ 10mm。

2）面砖饰面层应留设宽度为 5 ~ 8mm 的砖缝，用聚合物水泥砂浆勾缝，勾缝应连续、平直、光滑、密实、无裂纹、无空鼓。

3）涂料饰面层应涂刷均匀，厚度应根据具体工程与材料进行，但不得小于 1.5mm。

4）幕墙饰面的石材吸水率不得大于 0.8%。板缝间宽度为 5 ~ 8mm，并用密封材料密封。

3.7.4　外墙防水施工质量控制要点

1. 外墙门窗防水

（1）门窗框与墙体间的缝隙宜采用发泡聚氨酯填充；外墙防水层延伸至门窗框，防水层与门窗框间应预留凹槽、嵌填密封材料；门窗上楣的外口应做滴水处理；窗台应设置不小于5%的排水坡度，如图 3.7 - 12 ~ 图 3.7 - 14 所示。

（2）窗框不应与外墙饰面齐平，应凹进不少于 50mm，窗框周边装饰时应留设凹槽。外墙装饰层收口后，窗框内、外侧的四周均嵌填耐候密封胶，胶体应连续，厚度、宽度应符合设计要求，如图 3.7 - 15 所示。

滴水宽15~25mm，深10mm。

图 3.7 - 12　门窗框与墙体间缝隙用发泡剂填充　　　图 3.7 - 13　门窗上楣滴水线

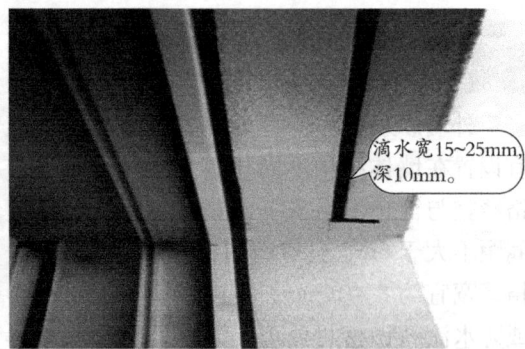

图 3.7-14　窗台

图 3.7-15　窗框周边空隙打胶

（3）塑钢窗扇百叶及平开窗的滑撑螺钉均用橡胶垫片支垫，操作不便部位用耐候胶封闭螺钉顶面及四周，防止雨水进入塑钢窗空腔，如图 3.7-16 所示。

（4）推拉窗的下轨道应设置泄水槽或泄水孔，如图 3.7-17 所示。

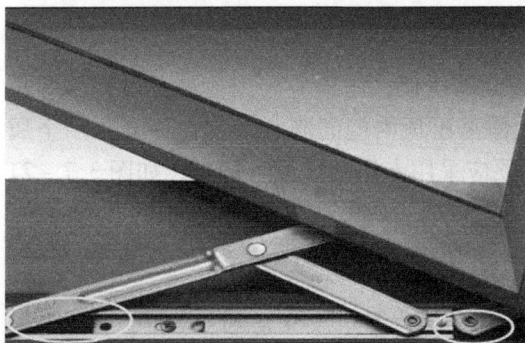

图 3.7-16　窗滑撑

图 3.7-17　泄水孔

2. 雨篷、阳台、变形缝、女儿墙、穿墙管道、预埋件防水

（1）雨篷应设置不小于 1% 的外排水坡度，外口下沿应做滴水线；雨篷与外墙交接处的防水层应连续；雨篷防水层应沿外口下翻至滴水线，如图 3.7-18 所示。

（2）阳台应向落水口设置不小于 1% 的排水坡度，水落口周边应留槽嵌填密封材料；阳台外口下沿应做滴水线，如图 3.7-19 所示。

图 3.7-18　雨篷

图 3.7-19　阳台滴水线

（3）外墙变形缝部位应增设合成高分子防水卷材附加层，卷材两端应满粘于墙体，满粘宽度不应小于150mm，并应钉压固定；卷材收头应用密封材料密封，如图3.7－20所示。

图 3.7－20　屋面变形缝

（4）女儿墙压顶宜采用现浇钢筋混凝土或金属压顶，压顶应向内找坡，坡度不应小于2%。当采用混凝土压顶时，外墙防水应延伸至压顶内侧的滴水线部位；当采用金属压顶时，外墙防水层做到压顶的顶部，金属压顶应采用专用金属配件固定，如图3.7－21所示。

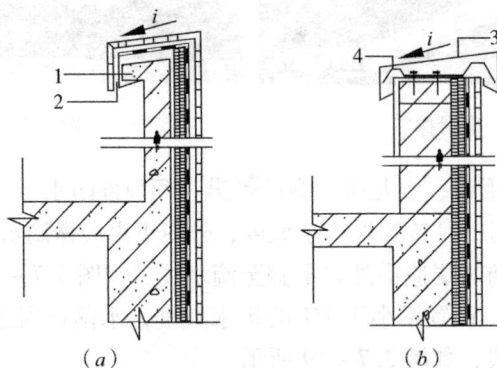

图 3.7－21　女儿墙防水构造

（a）混凝土压顶女儿墙防水构造；（b）金属压顶女儿墙防水构造
1—混凝土压顶；2—防水砂浆；3—金属压顶；4—金属配件

（5）穿过外墙的管道宜采用套管，套管应内高外低，坡度不应小于5%，套管周边应做防水密封处理，如图3.7－22所示。

（6）外墙预埋件，如落水管固定卡、旗杆孔、避雷带支柱、空调托架、接地引下线竖杆等，必须在外墙饰面开始施工前预埋安装完毕，严禁在装饰后打洞埋设。预埋件根部应精心抹压严密，严禁急压成活或挤压成活。外墙预埋件四周应用密封材料封闭严密，密封材料与防水层应连续，如图3.7－23所示。

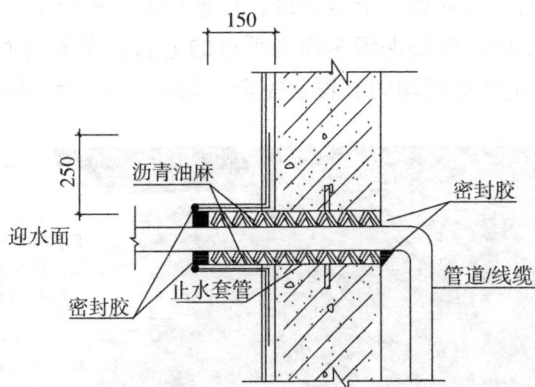

图 3.7 – 22 穿外墙套管防水构造

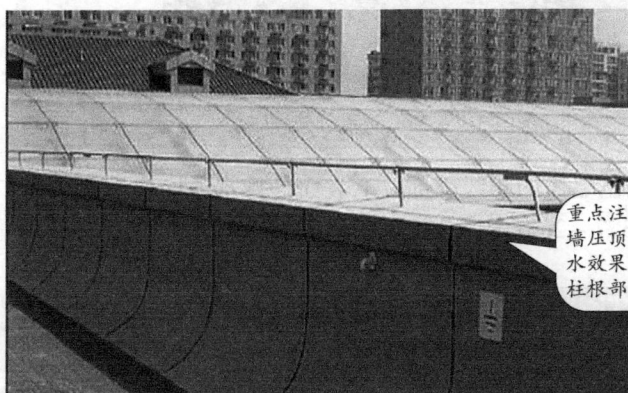

图 3.7 – 23 避雷带支柱

3. 外墙防水施工

（1）无外保温外墙防水防护施工

1）外墙结构表面清理干净，无油污、浮浆，孔洞、缝隙应堵塞抹平，不同结构材料交接处的增强处理材料应固定牢固，如图 3.7 – 24 所示。

图 3.7 – 24 外墙基层处理

2）外墙防水施工前，宜先做好节点处理，再进行大面积施工。

3）防水砂浆层施工前，应确保墙基面为平整的毛面；光滑表面需做界面处理，并充分湿润，界面处理材料刷涂厚度均匀、覆盖完全，如图 3.7–25 所示。

防水砂浆分层连续施工时，各层粘结牢固，上下层接槎错开300mm以上，接槎应采用阶梯坡形槎且接槎部位离阴阳角不小于200mm；防水砂浆涂抹时应压实、抹平，并在初凝前完成，遇气泡时应挑破，保证铺抹密实。

图 3.7–25　防水砂浆施工

4）窗台、窗楣和凸出墙面的腰线等部位上表面的排水坡度应准确，外口下沿的滴水线应连续、顺直，如图 3.7–26 ~ 图 3.7–28 所示。

图 3.7–26　窗楣滴水线

此处应向外找坡

外窗台比内窗台低不少于20mm，并做出向外找坡。

密封胶

图 3.7–27　窗台坡度

图 3.7–28　建筑腰线

5）砂浆防水层转角宜抹成圆弧形，圆弧半径不应小于 5mm，转角抹压应顺直。

6）砂浆防水层未达到硬化状态时，不得浇水养护或直接受雨水冲刷，聚合物水泥砂浆硬化后应采取干湿交替的养护方法；普通防水砂浆防水层应在终凝后进行保湿养护。养护时间不得少于 14d，养护期间不得受冻。

（气泡文字：防水涂料涂刷前，宜涂刷基层处理剂，并对节点部位进行密封或增强处理；涂膜防水层施工完毕并经检验合格后，应及时做好饰面层。）

图 3.7 - 29　防水涂料施工

7）涂膜防水施工时涂膜宜多遍进行，上层涂膜应在下次涂膜干燥成膜后进行。每层涂膜涂刷时应交替改变涂层的涂布方向，同一层涂膜涂刷时，先后接槎宽度宜为 30 ~ 50mm，涂膜甩槎宽度不应小于 100mm，如图 3.7 - 29 所示。

8）胎体增强材料应铺贴平整，排除气泡，不得有褶皱和胎体外露，胎体层应充分浸透防水涂料；胎体的搭接宽度不应小于 50mm，底层和面层涂膜厚度均不应小于 0.5mm。

9）防水层中设置的耐碱玻璃纤维网布或热镀锌电焊网片不得外露。热镀锌电焊网片应与基层墙体固定牢固；耐碱玻璃纤维网布应铺贴平整，无褶皱，两幅间搭接宽度不小于 50mm，如图 3.7 - 30 所示。

（2）外保温外墙防水施工

1）防水层的基层应平整、干净；防水层与保温层应相容；其施工要求与无外保温外墙防水层施工相同。

2）防水透气膜施工时，基层应干净、牢固，不得有尖锐凸起物；铺设宜从外墙底部一侧开始，沿建筑物里面自下而上横向铺设，并应顺流水方向搭接，横向搭接宽度不小于 100mm，纵向搭接宽度不得小于 150mm，相邻两幅膜的纵向搭接相互错开，间距不应小于 500mm，搭接缝应用密封胶粘带覆盖密封；铺设在门窗洞口处的防水透气膜，应以 "I" 字形裁开，并用密封胶粘带固定在洞口内侧；与门、窗框连接处使用配套密封胶粘带满粘密封，四角用密封材料封严；穿透防水透气膜的连接件周围用密封胶粘带封严，如图 3.7 - 31、图 3.7 - 32 所示。

图 3.7 - 30　耐碱玻纤网

图 3.7 - 31　防水透气膜施工

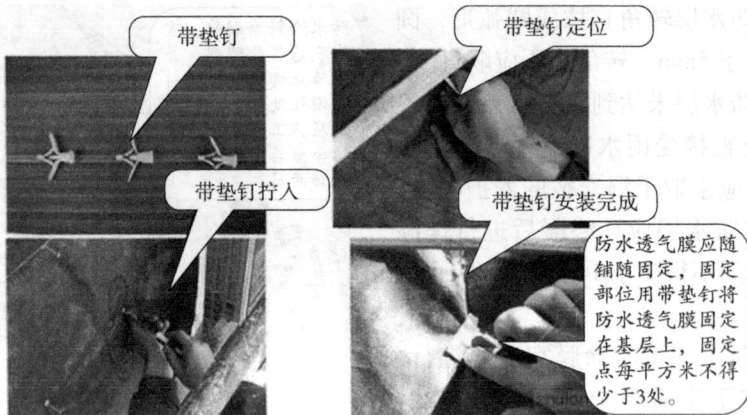

带垫钉

带垫钉定位

带垫钉拧入

带垫钉安装完成

防水透气膜应随铺随固定，固定部位用带垫钉将防水透气膜固定在基层上，固定点每平方米不得少于3处。

图 3.7－32　防水透气膜固定

3）抗裂砂浆施工前应先涂刮界面处理材料，然后分层抹压抗裂砂浆；抗裂砂浆层应抹压平实，表面无接槎印痕，网格布或金属片不得外露。防水层为防水砂浆时，抗裂砂浆表面搓毛；待抗裂砂浆终凝后，及时洒水养护不得少于 14d，如图 3.7－33、图 3.7－34 所示。

抗裂砂浆层中间设置耐碱玻纤网格布或金属片，金属片与墙体结构固定牢固。

图 3.7－33　耐碱网格布固定

玻纤网格布铺贴应平整、无褶皱，两幅间搭接宽度不小于50mm。

图 3.7－34　耐碱玻纤网格布铺设

（3）外墙砌体防水施工

1）砌体墙构造柱与框架梁的节点做成柔性节点，使其既能抵抗地震时的水平推力，又能消除柱两侧墙体压应力集中导致的剪切变形开裂，如图 3.7 - 35 所示。

2）悬臂梁上的墙体，在 L 形和 T 形交接处均设置构造柱，与悬臂梁柔性连接。每 2 皮砌块高度设 2 根直径 6mm 的通常拉结筋，与构造柱可靠连接，墙顶与悬臂梁之间用 20mm 厚聚苯板填实。内外装饰时留出 10mm 宽缝，用耐候硅酮胶嵌成防水柔性缝，以消除悬臂梁下挠而导致墙体开裂，如图 3.7 - 36 所示。

图 3.7 - 35　外墙构造柱

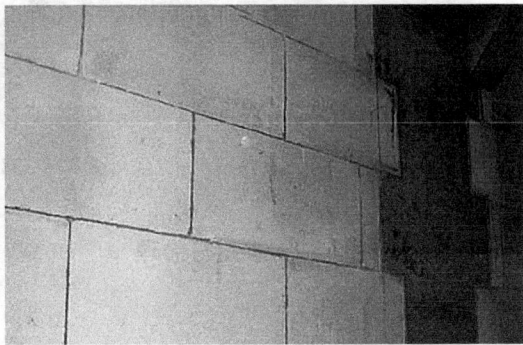

图 3.7 - 36　L 形墙体构造柱

3）砌筑过程中，砌体与框架柱、剪力墙的节点缝逐皮填实砂浆后，再每侧划入 30mm 深，每砌完 5 皮砌块，用嵌缝抹子将内外灰缝原浆压实，以封闭毛细孔。

4）砌体中预埋电气管时，待砌体砂浆达到设计强度后用无齿锯切槽，使槽深大于配管直径 10mm，将配管在槽内固定。用水冲洗湿润管槽后，再用 1 : 2 石膏砂浆抹平，压实并凿毛，如图 3.7 - 37、图 3.7 - 38 所示。

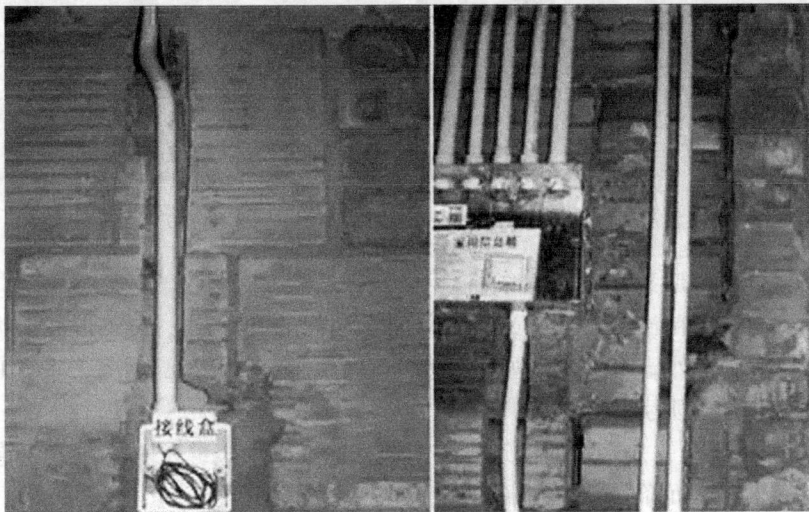

图 3.7 - 37　砌体墙开槽

对穿越墙体的通风空调管道洞口，在砌筑时准确预留孔洞，严禁遗漏后重新开洞，对消防、给水系统，穿越墙体的管道，用成孔机在墙上打孔，并埋设钢套管。

图 3.7 - 38　预留洞口

3.7.5　外墙防水渗漏与治理

1. 外墙渗漏形式

（1）混凝土外墙裂缝及孔洞引起的渗漏

1）混凝土表面的蜂窝、麻面、孔洞处理不当引起渗漏，如图 3.7 - 39 所示。

2）外墙上出现贯通的裂缝，由地基不均匀沉降、温度变形引起的开裂，如图 3.7 - 40 所示。

图 3.7 - 39　混凝土蜂窝渗漏

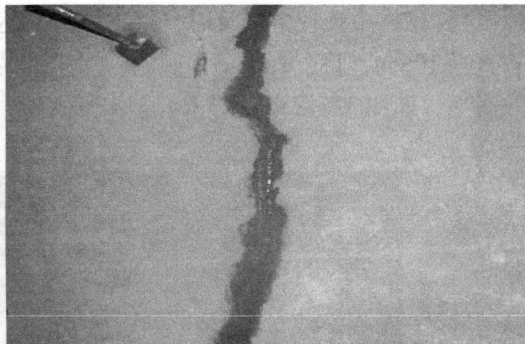

图 3.7 - 40　贯通裂缝渗漏

（2）砖混结构外墙裂缝引起的渗漏

由于钢筋混凝土和砖砌体的线膨胀系数不同，在相同温差下，钢筋混凝土构件的伸缩值要比砖砌体大，当外墙砌体抗剪强度不够时就会引起墙体开裂，如图 3.7 - 41 所示。

（3）砌体外墙缝隙引起的渗漏

1）框架梁底最后一皮砌块的砌筑方法错误，造成砌块竖缝及水平灰缝不饱满，同时梁底还存在由于砌体沉降引起的缝隙，如图 3.7 - 42 所示。

2）墙体砌筑施工中，脚手架眼填塞不实、穿墙管线等部位修补不密实，留下渗水隐患。

图 3.7 - 41　砖混结构外墙裂缝

图 3.7 - 42　梁底斜砌

（4）混水墙外粉刷分格缝破损引起的渗漏

外粉刷分格缝不交圈、不平直或砂浆等残渣在缝内未清除，使雨水积聚在分格缝内，或者分格条嵌入过深，使分格缝底部抹灰层厚度不够、雨水浸入墙内，如图 3.7 - 43 所示。

（5）门窗洞口周边封堵不密实引起的渗漏

门窗采用铝合金、塑钢等金属材料时，其与墙体材料的温度变形不一致，当室内外温差变化大时，它们的界面之间易产生缝隙导致渗漏，如图 3.7 - 44 所示。

图 3.7 - 43　外墙分格缝渗水

图 3.7 - 44　窗框变形导致渗漏

（6）外墙装饰面施工质量不良引起的渗漏

1）在进行外墙装饰前，基层墙体上的空洞和缝隙处理不当，留下渗水隐患；基层一次性打底过厚，未采取抗裂措施导致后期出现裂缝。饰面砖勾缝用砂浆强度等级太低或勾缝不密实，形成渗水毛细孔，如图 3.7 - 45 所示。

2）饰面砖粘贴不实，出现空鼓，形成储水囊，如图 3.7 - 46 所示。

3）涂料墙面所用涂料质量不合格，涂膜厚度不够，适应基层变形能力差、年久老化脱落、失去防水效果，如图 3.7 - 47 所示。

2. 外墙渗漏原因

（1）设计原因

自然风压与设计不当产生渗漏水。由于设计者忽视了风压给高层建筑造成的影响，长时间下雨时，在风力的作用下墙体发生渗漏。

图 3.7 - 45　外墙孔洞渗漏

图 3.7 - 46　饰面砖空鼓渗漏

（2）材料原因

1）新型墙体材料的孔隙率大，吸水性强，抗渗能力差，在砌筑过程中，灰缝特别是竖缝的水泥砂浆不饱满不密实；砌体墙体与钢筋混凝土梁柱以及窗框与墙体的连接处，因两种材料性能上的差异而产生裂缝，造成渗漏。

2）砌块、空心砌块、水泥等质量达不到要求，强度不够，施工所用的砂石含泥量超标。

3）防水材料质量下降，合格率偏低，尤其是小厂、不正规厂家生产的防水材料在生产过程中未经过严格的工艺处理和质量把关，未经质量认证便投入市场。

（3）施工原因

1）施工人员素质良莠不齐，技术水平较低，施工不规范或不按设计要求施工，混凝土配和比掌握不准确，水灰比过大，影响到混凝土墙体的强度；混凝土浇筑时振捣不密实、养护不及时、拆模过早，造成混凝土墙体出现蜂窝、麻面、孔洞以及裂缝等现象，如图 3.7 - 48 所示。

图 3.7 - 47　涂料不合格脱落

图 3.7 - 48　振捣不实渗水

2）墙体砌筑质量差，砌筑砂浆配合比不符合设计及规范要求；墙体灰缝砂浆不饱满、空缝、瞎缝，为雨水渗漏预留了内部通道，如图 3.7 - 49 所示。

3）外墙洞口处理不当，门窗框与墙体间隙封堵不密实；工程竣工后，住户在墙体上凿取空调管洞、太阳能热水器管孔、排气扇孔洞等，造成墙体及外墙裂缝；剪力墙对拉螺杆孔洞封堵不密实，如图 3.7 - 50 所示。

图 3.7-49　通缝、瞎缝

图 3.7-50　窗框空隙封堵不密实

4）外墙抹灰或粘贴面砖的质量不合要求，外墙抹灰空鼓、开裂；使用了翘曲、开裂或缺角的面砖；面砖脱落，未认真勾缝，如图 3.7-51、图 3.7-52 所示。

图 3.7-51　外墙抹灰空鼓开裂

图 3.7-52　面砖脱落

3. 外墙渗漏的防治措施

（1）组织措施

1）加强施工人员培训，提高技术水平；作业前有方案有交底，尤其是对易产生渗漏的节点部位重点策划施工，如图 3.7-53 所示。

2）加强施工过程质量控制，发现施工人员不规范施工时及时制止并纠正，将渗漏隐患消灭于施工中。

3）每一道工序完毕及下一道工序开始之前，对墙体进行全面检查，发现质量通病后及时处理，坚决杜绝将质量问题遗留到下一个工序，如混凝土拆模后有蜂窝麻面及时处理，杜绝将此通病遗留到装修工序中。

4）选择合格的墙体材料、防水材料及配料，材料进场严格把关，查验产品合格证、生产许可证，规范要求见证取样的材料，必须在建设单位或监理单位的见证下取样送检。

图 3.7-53　工人技术培训

5）采用新材料可用来防止外墙渗漏：①在外墙抹灰的水泥砂浆中加入杜拉纤维；②采用防水防渗漏彩色填缝料进行外墙砖的填缝。

（2）技术措施

1）外墙砌筑时，朝向外侧的砖面应棱角齐全，当墙的长度与砖模数不符时，不足模数部分由实心砖或素混凝土调整。

2）外墙砌体砌筑完毕应尽量避免凿打，如有预埋暗管，可用无齿锯切割成槽；粉刷开始前必须对脚手架眼、缆绳孔等孔洞进行修补，如图 3.7 – 54 所示。

3）施工技术人员加强砌筑过程抽查，严禁干砖上墙，严格控制砂浆配合比，保证水平与竖直缝砂浆饱满。

4）由温差造成的裂缝，将龟裂的打底层凿去，加上钢丝网片，再用高强度等级水泥砂浆分层抹实，并且注意养护，而后再进行面层施工，以防止裂缝的产生，达到减少墙体渗漏的目的。顶层窗下八字裂缝、窗下竖向裂缝等出现时，可在顶层窗台加通长配筋混凝土封顶窗带，以增强刚度，消除裂缝，如图 3.7 – 55 所示。

图 3.7 – 54　预埋管开槽

图 3.7 – 55　混凝土窗带

5）外墙铺贴面砖时，外墙施工前必须事先进行技术交底。在铺贴过程中一定要有挤浆工艺，且在勾缝前要全面检查空鼓情况，勾缝要保证密实度，勾缝完毕后要注意湿润养护，密缝擦缝不得遗漏，勾缝深度建议要严格控制，凹入度不宜太大，最好勾成圆弧形平缝。

6）窗台、遮阳板、雨篷等水平构件应按要求进行找坡且找坡方向要正确，与墙面接触部分应处理成泛水圆弧角，防止倒泛水或积水；窗楣下做滴水线，做滴水线不方便的可做成鹰嘴，如图 3.7 – 56 所示。

7）外墙铝合金窗，铝材必须符合国家标准及图纸要求的技术参数，制作、搬运、安装中不使半成品扭曲、变形、损坏，杜绝半成品变形后人工修整。配件应符合标准，安装应坚固，开启紧密。

铝合金、塑钢窗框四周要采用松散材料（如矿棉条、玻璃丝棉条等）或化学泡沫剂，进行分层密实封填，外墙抹灰时窗洞外侧靠框边处必须预留深 5mm、宽 5 ~ 8mm 的槽口，以保证密封胶的粘结性和密封性，如图 3.7 – 57 所示。

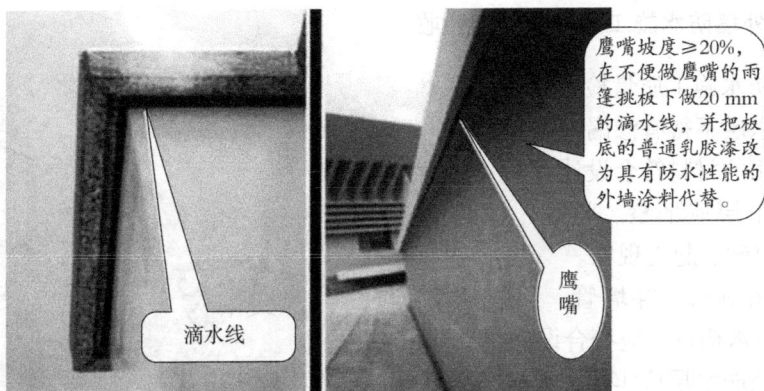

图 3.7 – 56 做滴水线和鹰嘴

图 3.7 – 57 外窗框打胶

8）外墙上的门窗洞口、脚手架眼、预留洞口、挑檐、雨棚、阳台、窗套、落水管等渗漏薄弱点细部的处理要仔细，严格遵照设计及施工规范进行施工，防止渗漏发生，如图 3.7 – 58 所示。

图 3.7 – 58 重点防渗漏节点

3.7.6 外墙防水施工质量检查与验收

1. **外墙防水施工质量检查**

（1）防水层不得有渗漏现象。

（2）使用的材料符合设计要求。

（3）找平层应平整、坚固，不得有空鼓、酥松、起砂、起皮现象。

（4）门窗洞口、穿墙管、预埋件及收头等部位的防水构造，应符合设计要求。

（5）砂浆防水层应牢固、平整，不得有空鼓、开裂、酥松、起皮现象。平均厚度不小于设计厚度，最薄处不小于设计厚度的80%。

图 3.7－59　外墙（窗）淋水实验

（6）涂膜防水层应无裂纹、皱折、流淌、鼓泡和漏胎体现象。平均厚度不小于设计厚度，最薄处不小于设计厚度的80%。

（7）防水透气膜应铺设平整、固定牢固，构造符合设计要求。

（8）防水层渗漏检查应在淋水30min后进行，如图3.7－59所示。

（9）外墙防水材料及其配套材料应有产品合格证和出厂检验报告，对进场的防水材料应抽样复检，并提出抽样实验报告，不合格的材料不得在工程中使用。

（10）外墙防水防护工程分为砂浆防水层、涂膜防水层、防水透气膜防水层三个分项，各分项按外墙面积，每100m² 检查一处，每处10m²，不少于3处；不足100m² 时，按100m² 算，节点构造全部检查。

（11）工程隐蔽验收记录包括防水层的基层；密封防水处理部位；门窗洞口、穿墙管、预埋件及收头等细部做法。

2. **外墙防水施工质量验收**

外墙面防水工程主要验收以下几个方面：

（1）通过对观察、水密性实验，以检验门窗框四周密封性能是否良好，防水效果是否符合要求。

（2）通过观察检查，以检验面砖缝勾缝材料质量是否符合要求，防水效果是否符合要求。

（3）通过对观察、淋水实验，以检验板缝是否密封完全，防水效果是否符合要求。

（4）通过浇水检查，以检验窗台坡度、滴水排水是否通畅，防水效果是否符合要求。

（5）通过观察检查，以检验不同材料交接处密封是否严密，防水效果是否符合要求。

3.8 建筑外墙保温

3.8.1 术语及基本规定

1. **术语**

（1）外墙外保温系统

外墙外保温系统是由保温层、保护层和固定材料（胶粘剂、锚固件等）构成并且适

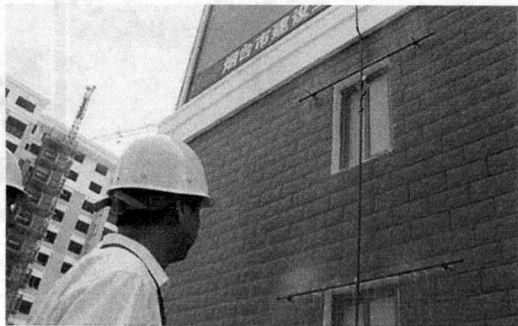

用于安装在外墙外表面的非承重保温构造的总称，如图 3.8 - 1 所示。

高层建筑外墙外保温工程应采取防火构造措施。

将保温层放置于主体墙材外侧，且具有防水渗透性能。

经耐候性实验后，不得出现饰面层起泡或剥落、保护层空鼓或脱落等破坏，不得产生渗水裂缝。具有薄抹面层的外保温系统，抹面层与保温层的拉伸粘结强度不得小于 0.1MPa，并且破坏部位应位于保温层内。

图 3.8 - 1 外墙外保温系统施工

（2）外墙内保温系统

主要由保温层、保护层组成，用于外墙内表面起保温作用的系统，简称内保温系统，如图 3.8 - 2 所示。

（3）外墙外保温工程

外墙外保温工程是将外墙外保温系统通过组合、组装、施工或安装固定在外墙外表面上形成的建筑物实体。

（4）外墙内保温工程

内保温系统通过设计、施工或安装，固定在外墙内表面上形成的保温构造，简称内保温工程。

（5）外保温复合墙体

外保温复合墙体是由基层和外保温系统组合而成的墙体。

（6）内保温复合墙体

内保温复合墙体是由基层和内保温系统组合而成的墙体。

（7）EPS 板

EPS 板是由可发性聚苯乙烯珠粒经加热预发泡后在磨具中加热成型而制得的具有闭孔结构的聚苯乙烯泡沫塑料板材，如图 3.8 - 3 所示。

将保温层放置于主体墙材内侧；内保温工程应防止火灾危害，并与基层墙体有可靠连接。

图 3.8 - 2 外墙内保温系统施工

图 3.8 - 3 EPS 保温板

（8）胶粉 EPS 颗粒保温材料

胶粉 EPS 颗粒保温材料是由胶粉料和 EPS 颗粒集料组成，并且 EPS 颗粒体积比不小于 80% 的保温砂浆，如图 3.8 - 4 所示。

（9）EPS 钢丝网架板

EPS 钢丝网架板是由 EPS 板内插腹丝，外侧焊接钢丝网构成的三维空间网架芯板，如图 3.8 - 5 所示。

图 3.8 - 4　胶粉聚苯颗粒保温砂浆　　　　图 3.8 - 5　EPS 钢丝网架板

2. 基本规定

（1）外墙外保温和外墙内保温工程应能适应基层的正常变形而不产生裂缝或空鼓。

（2）外墙外保温工程应能长期受自重而不产生有害的变形。

（3）外墙外保温工程应能耐受室外气候的长期反复作用而不产生破坏。

（4）外墙外保温工程在罕遇地震发生时不应从基层上脱落。

（5）外保温复合墙体的保温、隔热和防潮性能应符合国家现行标准《民用建筑热工设计规范》GB 50176—1993、《严寒和寒冷地区居住建筑节能设计标准》JGJ 26—2010、《夏热冬冷地区居住建筑节能设计标准》JGJ 134—2010 和《夏热冬暖地区居住建筑节能设计标准》JGJ 75—2012 的有关规定。

（6）外墙外保温工程各组成部分应具有物理 - 化学稳定性。所有组成材料应彼此相容并应具有防腐性。在可能受到生物侵害（鼠害、虫害等）时，外墙外保温工程还应具有防生物侵害性能。

（7）在正确使用和正常维护的条件下，外墙外保温工程的使用年限不应少于 25 年。

（8）内保温工程用于厨房、卫生间等潮湿环境时，应具有防水渗透性能。

（9）内保温复合墙体的保温、隔热和防潮性能应符合现行国家标准《民用建筑热工设计规范》GB 50176—1993 和国家现行有关建筑节能设计标准的规定。

3.8.2　建筑外墙保温系统的分类及适用范围

1. 建筑外墙保温系统的分类

建筑外墙保温系统根据保温层在主体墙材中位置的不同分为外墙外保温系统和外墙内

保温系统，如图 3.8 – 6、图 3.8 – 7 所示。

图 3.8 – 6　建筑外墙外保温

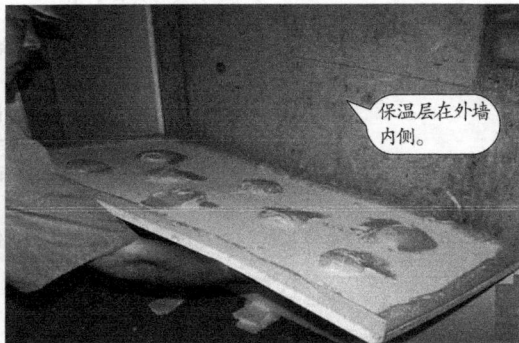

图 3.8 – 7　建筑外墙内保温

（1）根据保温层材料的不同，建筑外墙外保温系统又分为聚苯板薄抹灰外墙外保温系统、聚苯板现浇混凝土外墙外保温系统、聚苯板钢丝网架现浇混凝土外墙外保温系统、胶粉聚苯颗粒保温复合型外墙外保温系统、喷涂硬泡聚氨酯外墙外保温系统，如图 3.8 – 8 ~ 图 3.8 – 12 所示。

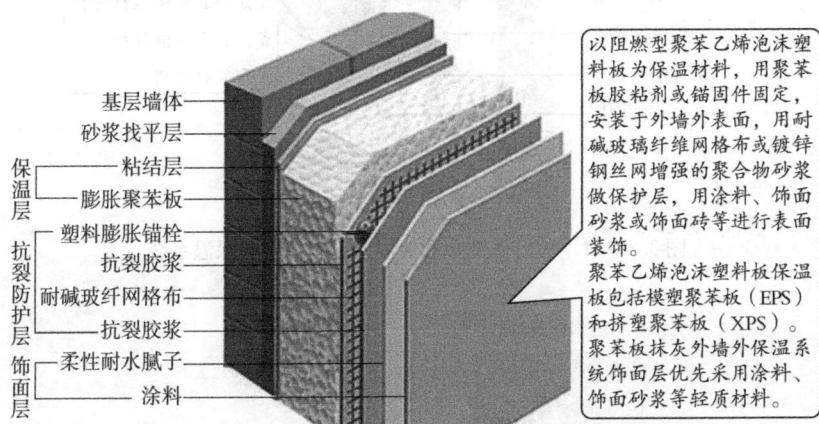

图 3.8 – 8　聚苯板薄抹灰外墙外保温系统

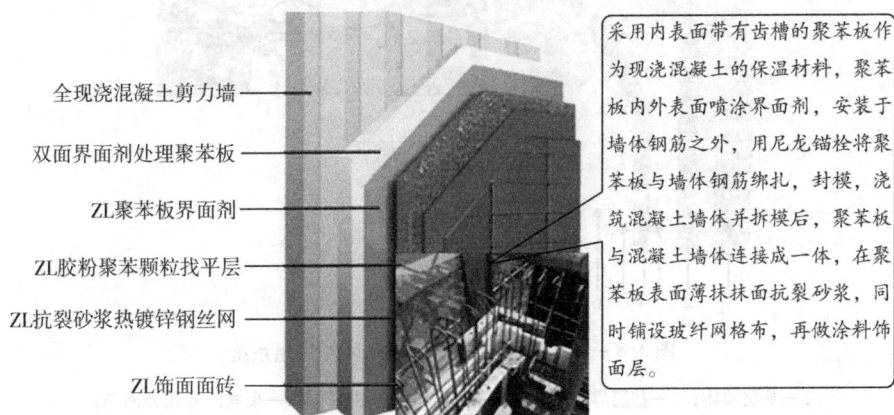

图 3.8 – 9　聚苯板现浇混凝土外墙外保温系统

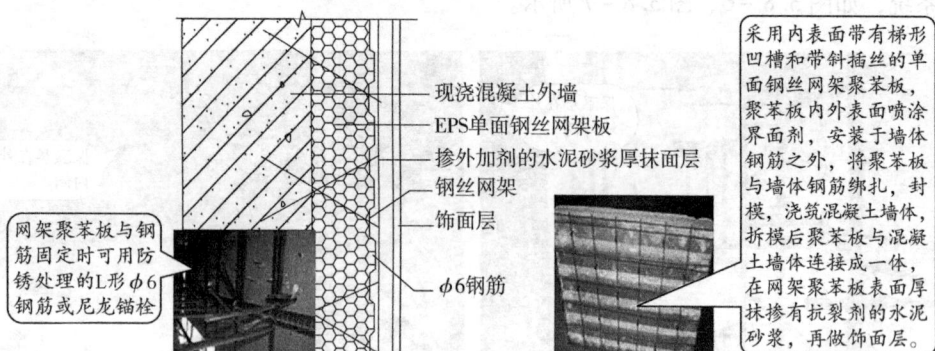

采用内表面带有梯形凹槽和带斜插丝的单面钢丝网架聚苯板，聚苯板内外表面喷涂界面剂，安装于墙体钢筋之外，将聚苯板与墙体钢筋绑扎，封模，浇筑混凝土墙体，拆模后聚苯板与混凝土墙体连接成一体，在网架聚苯板表面厚抹掺有抗裂剂的水泥砂浆，再做饰面层。

- 现浇混凝土外墙
- EPS单面钢丝网架板
- 掺外加剂的水泥砂浆厚抹面层
- 钢丝网架
- 饰面层
- φ6钢筋

网架聚苯板与钢筋固定时可用防锈处理的L形φ6钢筋或尼龙锚栓

图 3.8 - 10　聚苯板钢丝网架现浇混凝土外墙外保温系统

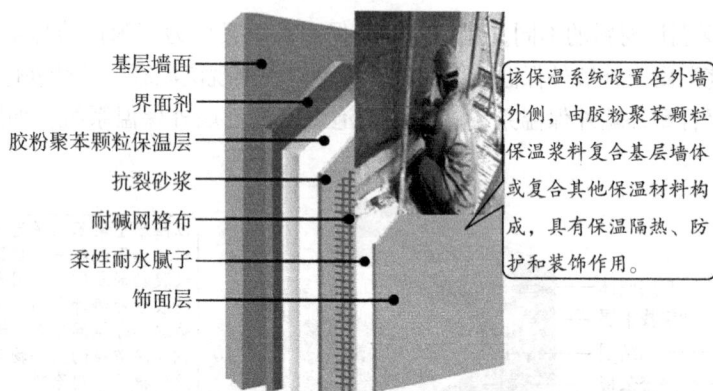

- 基层墙面
- 界面剂
- 胶粉聚苯颗粒保温层
- 抗裂砂浆
- 耐碱网格布
- 柔性耐水腻子
- 饰面层

该保温系统设置在外墙外侧，由胶粉聚苯颗粒保温浆料复合基层墙体或复合其他保温材料构成，具有保温隔热、防护和装饰作用。

图 3.8 - 11　胶粉聚苯颗粒保温复合型外墙外保温系统

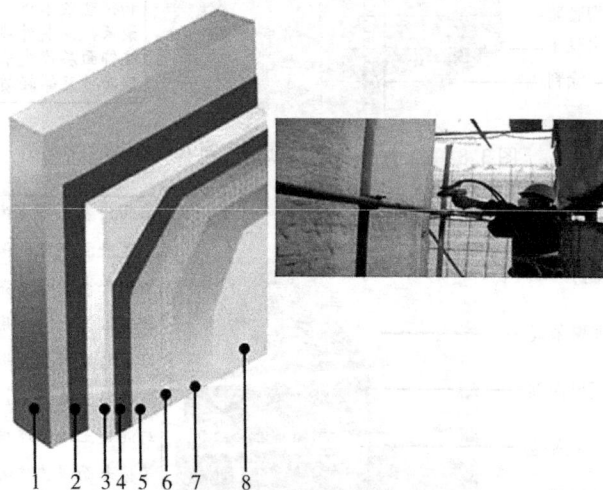

1　2　3　4　5　6　7　8

图 3.8 - 12　喷涂硬泡聚氨酯外墙外保温系统

1—基层墙体；2—基层界面砂浆；3—喷涂聚氨酯硬泡体；4—聚氨酯专用界面剂；
5—聚合物抗裂抹面胶；6—耐碱玻纤网；7—聚合物抗裂抹面胶；8—饰面

（2）根据保温层材料的不同，建筑外墙内保温系统又分为增强石膏聚苯复合保温板外墙内保温系统、增强粉刷石膏聚苯板外墙内保温系统、胶粉聚苯颗粒保温浆料玻纤网格布聚合物砂浆外墙内保温系统，如图3.8-13~图3.8-15所示。

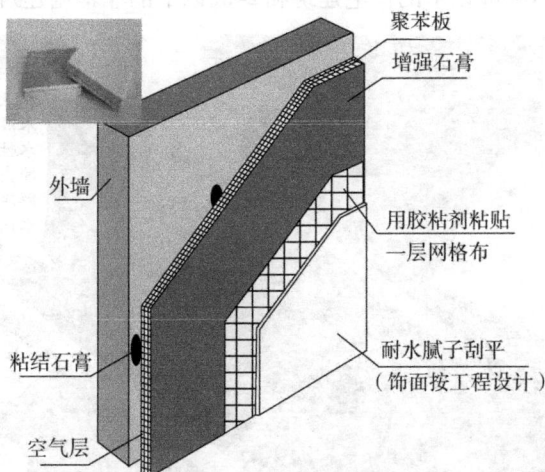

图 3.8-13 增强石膏聚苯复合保温板外墙内保温

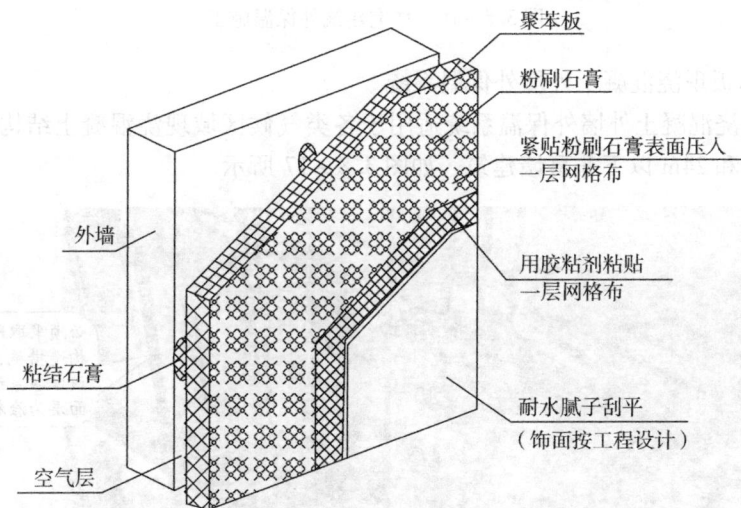

图 3.8-14 增强粉刷石膏聚苯板外墙内保温系统

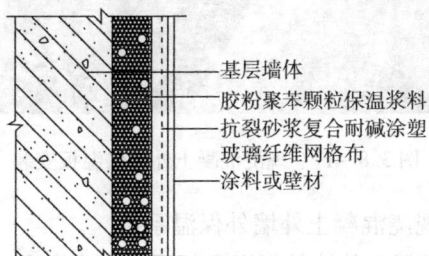

图 3.8-15 胶粉聚苯颗粒保温浆料玻纤网格布聚合物砂浆外墙内保温

2. 建筑外墙保温系统的适用范围

（1）聚苯板薄抹灰外墙外保温系统

聚苯板薄抹灰外墙外保温系统适用于各类气候区域的，按设计需要保温、隔热的新建、扩建、改建的，高度在 100m 以下的住宅建筑和 24m 以下的非幕墙建筑，如图 3.8 – 16 所示。

特点：使用普遍、技术成熟、成本低、防水性能及抗风压、抗冲击性能好，可有效解决墙体的龟裂和漏水问题。

基层墙体为混凝土墙体或砌体墙体。

必须采取防火构造措施。

图 3.8 – 16　住宅建筑外保温施工

（2）聚苯板现浇混凝土外墙外保温系统

聚苯板现浇混凝土外墙外保温系统适用于各类气候区域现浇混凝土结构高度在 100m 以下住宅建筑和 24m 以下非幕墙建筑，如图 3.8 – 17 所示。

必须采取防火构造措施，且该保温系统的面层为涂料。

图 3.8 – 17　现浇混凝土外墙保温板安装

（3）聚苯板钢丝网架现浇混凝土外墙外保温系统

聚苯板钢丝网架现浇混凝土外墙外保温系统适用于各气候分区高度在 100m 以下住宅建筑和 24m 以下非幕墙建筑，如图 3.8 – 18 所示。

必须采取防火构造措施，且饰面层为饰面砖或涂料。

特点：聚苯板钢丝网架与现浇混凝土形成整体，利用混凝土对钢丝的握裹力实现拉结，使连接更可靠、施工更安全；钢丝网架聚苯板内外喷界面剂，使界面粘结更好，提高了现浇混凝土墙体与苯板粘结强度，提高抹灰层的可靠性。

图 3.8 – 18　聚苯板钢丝网架现浇混凝土外墙外保温施工

（4）胶粉聚苯颗粒保温复合型外墙外保温系统

采取防火构造措施后，胶粉聚苯颗粒复合型外墙外保温系统适用于建筑高度在 100m 以下住宅建筑和 50m 以下非幕墙建筑，如图 3.8 – 19 所示。

基层墙体可以是混凝土结构或砌体结构。

单一胶粉聚苯颗粒外墙外保温系统不适用于严寒和寒冷地区。

图 3.8 – 19　胶粉聚苯颗粒复合型外墙外保温施工

胶粉聚苯颗粒复合型外墙外保温系统较典型的做法有胶粉聚苯颗粒保温外墙外保温系统（简称保温浆料系统）和胶粉聚苯颗粒贴砌聚苯板外墙外保温系统（简称贴砌聚苯板系统），如图 3.8 – 20、图 3.8 – 21 所示。

（5）喷涂硬泡聚氨酯外墙外保温系统

采取防火构造措施后，喷涂硬泡聚氨酯外墙外保温系统适用于建筑高度在 100m 以下住宅建筑和 24m 以下非幕墙建筑，如图 3.8 – 22 所示。

（6）增强石膏聚苯复合保温板外墙内保温系统

增强石膏聚苯复合保温板外墙内保温系统适用于各气候区域的钢筋混凝土、混凝土砌块、多孔砖、其他非黏土砖等外墙内保温施工，但不宜用于厨房、卫生间等潮湿房间。

特点:无空腔满粘满做法,粘结力大,无空腔、抗风压性能强;保温板面厚抹灰及做分仓缝,防火性能突出,能满足高层建筑防火要求;各构造层设计从内至外柔性渐变,抗裂性能好;板洞和板缝的构造设计提供了水蒸气排出的通道;系统施工适应性好,减少基层墙体剔凿、找平工作量。

图 3.8-20　保温浆料系统

特点:无空腔满粘满抹、做分仓缝,粘结力大,抗风压性能优异;板洞和板缝的构造设计提供了水蒸气排出的通道;各构造层采用柔性材料,抗裂性能优异;系统施工适应性好,减少剔凿、找平工作量。

图 3.8-21　贴砌聚苯板系统

特点:使用聚氨酯防潮底漆对基层墙面进行处理,提高了聚氨酯保温层的闭孔率,均化了保温层与墙体的粘结力;使用聚氨酯界面砂浆对聚氨酯面层进行处理,提高了聚氨酯与找平材料的粘结效果;使用胶粉聚苯颗粒浆料对聚氨酯保温层进行找平处理,提高了系统的保温、透气、抗裂、防火性能。

特点:采用现场机械化喷涂作业施工,施工速度快、效率高。聚氨酯施工对建筑物外形适应能力强,尤其适应建筑物构造节点复杂部位的保温,如:外挑构件、阁楼窗等。

图 3.8-22　喷涂硬泡聚氨酯外墙外保温施工

（7）增强粉刷石膏聚苯板外墙内保温系统

增强粉刷石膏聚苯板外墙内保温系统适用于各气候区域的钢筋混凝土、混凝土砌块、多孔砖、其他非黏土砖等外墙内保温施工，但不宜用于厨房、卫生间等潮湿房间和踢脚板部位。

（8）胶粉聚苯颗粒保温浆料玻纤网格布聚合物砂浆外墙内保温系统

胶粉聚苯颗粒保温浆料玻纤网格布聚合物砂浆外墙内保温系统适用于夏热冬冷和夏热冬暖地区钢筋混凝土、混凝土砌块、多孔砖、其他非黏土砖等外墙内保温施工和寒冷地区无条件实现外保温的楼梯间、电梯间等部位的局部保温。

3.8.3 外墙保温施工工艺流程及质量控制要点

1. 聚苯板薄抹灰外墙外保温系统

（1）施工工艺流程

聚苯板薄抹灰外墙外保温施工工艺流程一般为：施工准备→基层处理→测量、放线→挂基准线→配胶粘剂（XPS板背面涂界面剂）→贴翻包网布→粘贴聚苯板（按设计要求安装锚固件，做装饰条）→打磨、修理、隐检→（XPS板面涂界面剂）抹聚合物砂浆底层→压入翻包网布和增强网布→贴压增强网布→抹聚合物砂浆面层→伸缩缝→修整、验收→外饰面→检测验收。

（2）质量控制要点

1）外保温工程应在基层质量验收合格后，方可施工。施工前，应安装好门窗框或附框、阳台栏杆和预埋件等，并将墙上的施工洞堵塞密实，如图3.8-23、图3.8-24所示。

基层墙面应清理干净、清洗油渍、清扫净灰等。墙面松动、风化部分应剔除干净。

外窗安装时用细钢丝线沿窗框一边吊线，控制窗框安装位置，确保上下所有窗框位于同一条垂直线上。

图3.8-23 基层清理　　　　　图3.8-24 外保温施工前门窗安装完毕

2）粘贴聚苯板时，基面平整度不大于5mm时宜采用条粘法，大于5mm时宜采用点框法；聚苯板应错缝粘贴、板缝拼严。对于XPS板宜采用配套界面剂涂刷后使用，如图3.8-25、图3.8-26所示。

图 3.8 - 25 条粘法施工

图 3.8 - 26 点框粘法施工

3）锚固件数量：当采用涂料饰面时，墙体高度在 20～50m 时，不宜少于 4 个/m²，50m 以上时不宜少于 6 个/m²；当采用饰面砖时不宜小于 6 个/m²。锚固件安装应在聚苯板粘贴 24h 后进行，涂料饰面外保温系统安装时锚固件盘片压住聚苯板，面砖饰面盘片压住抹面层的增强网，如图 3.8 - 27、图 3.8 - 28 所示。

图 3.8 - 27 保温板锚固件

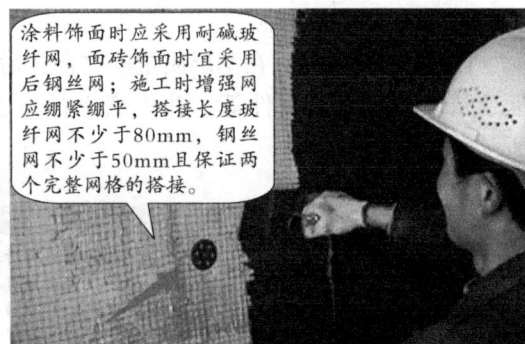

图 3.8 - 28 锚固件压增强网

4）聚苯板安装完成后应尽快抹灰封闭，抹灰分底层砂浆和面层砂浆两次完成，中间包裹增强网，抹灰时切忌不停揉搓，以免形成空鼓；抹灰厚度控制见表 3.8 - 1 所列。

抹面砂浆厚度   表 3.8 - 1

外饰面	涂料		面砖		
增强网	玻纤网		玻纤网		钢丝网
层数	单层	双层	单层	双层	单层
抹面砂浆总厚度（mm）	3～5	5～7	4～6	6～8	8～12

5）外墙饰面宜选用涂料饰面。当采用面砖时，其相关产品应符合《外墙饰面砖工程施工及验收规程》JGJ 126—2015、《外墙外保温工程技术规程》JGJ 144—2004 和《膨胀聚苯板薄抹灰外墙外保温系统》JG 149—2003 等相关现行标准的规定。选择面砖饰面时

应在样板检测合格、抹面砂浆施工 7d 后，按《外墙饰面砖工程施工及验收规程》JGJ 126—2015 的要求进行，如图 3.8 - 29 所示。

外保温大面积施工前必须先做样板，经监理或建设单位代表认可后方可开始施工。

图 3.8 - 29　外保温样板

2. 聚苯板现浇混凝土外墙外保温系统

（1）施工工艺流程

聚苯板分块→聚苯板安装→模板安装→混凝土浇筑→模板拆除→涂刮抹面层浆→压入玻纤网布→饰面→检测验收。

（2）质量控制要点

1）绑扎垫块。外墙结构钢筋验收合格后，在外墙钢筋外侧绑扎水泥砂浆垫块（水泥砂浆垫块厚度同保护层厚度，且不得采用塑料垫卡），每平方米板内不得少于 3 块，以保证保护层厚度并确保保护层厚度均匀一致。

2）聚苯板安装，如图 3.8 - 30、图 3.8 - 31 所示。

采用XPS保温板时，内外表面及钢丝网应涂刷界面砂浆，采用EPS保温板时，外表面应涂刷界面砂浆。施工时先安装阴阳角保温构件，再安装角板之间的保温板。安装前先在保温板高低槽口均匀涂刷聚苯胶，将保温板竖缝两侧相互粘结在一起。

图 3.8 - 30　聚苯板安装

3）模板安装。安装外墙外侧模板前应在保温板外侧根部采取可靠的定位措施，模板连接必须严密、牢固，以防止出现错台和漏浆现象，如图3.8 – 32所示。

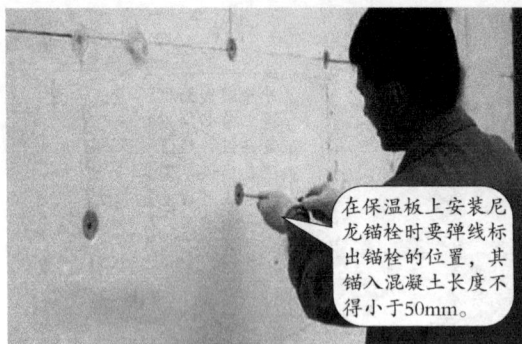

图3.8 – 31　聚苯板锚栓安装

图3.8 – 32　模板安装

在保温板上安装尼龙锚栓时要弹线标出锚栓的位置，其锚入混凝土长度不得小于50mm。

不得在墙体钢筋底部布置定位筋，防止破坏保温板，留下渗漏隐患。

4）浇筑混凝土。混凝土浇筑严格按照预先制定的施工方案进行浇筑，混凝土的坍落度不应小于180mm，分层浇筑，每层浇筑高度不大于500mm，捣实，注意门窗洞口两侧对称浇筑。

5）模板拆除后穿墙套管的孔洞用保温砂浆料堵塞。聚苯板表面凹进或破损、偏差大的部位，应用胶粉聚苯颗粒保温浆料填补找平，如图3.8 – 33所示。

图3.8 – 33　聚苯板表面破损修补

6）抹面层。用聚合物水泥砂浆抹灰，标准层总厚度为3～5mm；首层加强层5～7mm；玻纤网搭接长度不小于80mm；首层与其他需加强部位应满足抗冲击要求，在标准外保温做法的基础上加铺一层玻纤网，并再抹一道抹面砂浆罩面，厚度在2mm左右。

3. 聚苯板钢丝网架现浇混凝土外墙外保温系统

（1）施工工艺流程

钢丝网架聚苯板分块→钢丝网架聚苯板安装→模板安装→混凝土浇筑→模板拆除→抹专用抗裂砂浆→做外饰面。

（2）质量控制要点

1）安装聚苯板。如图3.8 – 34所示。

保温板内表面及钢丝网均应涂刷界面砂浆；施工时外墙钢筋外侧需绑扎水泥砂浆垫块（不得用塑料垫卡），塑料锚栓穿过保温板，锚入混凝土长度不得小于50mm，螺栓应拧入套管，保温板和钢丝网宜按楼层层高断开，中间放入泡沫塑料棒，外表用嵌缝膏嵌缝。

图3.8-34　聚苯板安装

2）砂浆抹灰。拆除模板后，应用专用抗裂砂浆分层抹灰，在常温下待第一层抹灰初凝后方可进行上层抹灰，每层抹灰厚度不大于15mm，总厚度不大于25mm，如图3.8-35所示。

当采用涂料饰面时，应在抗裂砂浆外再抹5~6mm厚聚合物水泥砂浆防护层。

图3.8-35　砂浆抹灰

4. 胶粉聚苯颗粒保温复合型外墙外保温系统

（1）施工工艺流程

基层处理→喷刷基层界面砂浆→吊垂直线、弹控制线→抹胶粉聚苯颗粒保温浆料（或贴砌聚苯板）→喷刷聚苯板界面砂浆→抹胶粉聚苯颗粒找平浆料→抹抗裂砂浆复合增强网布→做外饰面→检测验收。

（2）质量控制要点

1）基层处理。基层墙面应清理干净、清洗油渍、清扫浮灰等。墙面松动、风化部分应剔除干净，墙面凸起物大于10mm时应剔除。

2）界面处理。基层均应做界面处理，用喷枪或滚涂均匀喷刷界面处理剂。

3）采用保温浆料系统时，应先按厚度控制线做标准厚度灰饼、冲筋。当保温层厚度大于20mm时应分层施工，抹灰不少于2遍，每遍施工间隔应在24h以上，最后一遍宜为10mm。

4）采用贴砌聚苯板系统时，梯形槽 EPS 板应在工厂预制好横向梯形槽且槽面涂刷好界面砂浆，如图 3.8 - 36 所示。

EPS 板应预先用专用机械钻孔，贴砌面涂刷 EPS 板界面剂。贴砌聚苯板时，胶粉聚苯颗粒粘结层厚度约 15mm，聚苯板间留约 10mm 的板缝用浆料砌筑，灰缝不饱满处及聚苯板开孔处用浆料填平。贴砌 24h 后再满涂聚苯板界面砂浆，涂刷界面砂浆再经 24h 后用胶粉聚苯颗粒粘结找平砂浆罩面找平。

5）抗裂砂浆层施工。待聚苯颗粒保温层或找平层施工完成 3 ~ 7d 且验收合格后方可进行抗裂砂浆层施工，如图 3.8 - 37 所示。

涂料饰面时抗裂砂浆复合耐碱玻纤网布总厚度为 3~5mm；面砖饰面时抗裂砂浆热镀锌电焊网总厚度为 8~12mm。

图 3.8 - 36　梯形槽 EPS 板　　　　图 3.8 - 37　抗裂砂浆层施工

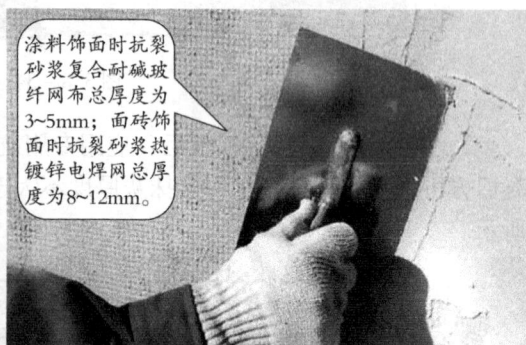

6）在抗裂砂浆抹灰基面达到施工要求后，按相应标准进行外饰面施工。

5. 喷涂硬泡聚氨酯外墙外保温系统

（1）施工工艺流程

基层处理→吊垂直线、弹控制线→门窗口等部位遮挡→修整硬泡聚氨酯保温层→涂刷聚氨酯专用界面剂→抹面胶浆复合增强网→做饰面层→检测验收。

（2）质量控制要点

1）基层处理。基层墙面应清理干净、干燥，坚实平整，平整度超差时可用抹面砂浆找平，找平后允许偏差应小于 4mm，潮湿墙面和透水墙面宜先进行防潮和防水处理，必要时外墙基层涂刷界面剂。

2）硬泡聚氨酯喷涂施工。喷涂施工前，门窗洞口及下风口宜做遮蔽，防止泡沫飞溅污染环境。喷涂施工时的环境温度宜为 10 ~ 40℃，风速不大于 5m/s（3 级风），相对湿度应小于 80%，雨天不得施工。喷枪头距作业面的距离不宜超过 1.5m，移动速度要均匀，如图 3.8 - 38 所示。

3）硬泡聚氨酯保温层处理。硬泡聚氨酯保温层表面应用聚氨酯专用界面进行涂刷。

4）防护层抹灰。硬泡聚氨酯保温层经处理后用抹面胶浆进行找平刮糙，抹面胶浆中应复合玻纤网格布或热镀锌钢丝网。

6. 增强石膏聚苯复合保温板外墙内保温系统

（1）施工工艺流程

基层处理→分档、弹线→抹冲筋点→安装接线盒、管卡、埋件→粘贴防水保温踢脚板→粘贴、安装保温板→板缝处理、粘贴玻纤网格布→保温墙面刮腻子→做饰面层→检测

多层喷涂作业中，层间隔以上一次喷涂的聚氨酯硬泡沫表面不粘手为准方可喷涂下一层。喷涂后的聚氨酯硬泡保温层应避免雨淋，表面平整度允许偏差不大于6mm，且应充分熟化48~72h后，再进行下一道工序的施工。

图3.8-38 硬泡聚氨酯喷涂施工

验收。

（2）质量控制要点

1）施工基层墙面应进行处理，特别是结构墙体表面凸出的混凝土或砂浆要剔平，表面清理干净，预埋件要留出位置或埋设完毕。

2）根据开间或进深尺寸及保温板实际规格，预排保温板。排板应从窗口开始，非整板放在阴角，有缺陷的板应修补，如图3.8-39所示。

弹线时应按保温层的厚度在墙、顶弹出保温墙面的边线；按防水保温踢脚层的厚度在地面上弹出踢脚边线，并在墙面上弹出踢脚的上口线，如图3.8-40所示。

图3.8-39 预排保温板

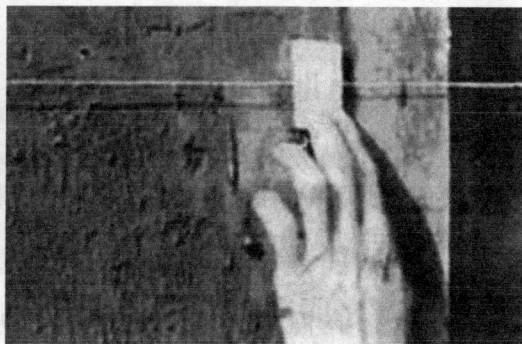

图3.8-40 弹控制线

3）抹冲筋点。如图3.8-41所示。

4）粘贴防水保温踢脚板。在踢脚板内侧，上下各按200~300mm的间距布设粘结点，同时在踢脚板底面及侧面满刮胶粘剂，按线粘贴踢脚板。粘贴时用橡皮锤贴紧敲实，挤实碰头灰缝，并将挤出的胶粘剂随时清理干净。粘贴踢脚板必须平整和垂直，踢脚板与结构墙间的空气层控制在10mm左右。

5）粘贴、安装保温板。将接线盒、管卡、埋件的位置准确地翻样到板面，并开出洞口。在冲筋点、相邻板侧面和上端满刮胶粘剂，并且在板中间抹梅花状粘结石膏点，数量应大于板面面积的10%，按弹线位置直接与墙体粘牢。粘贴后的保温板整体墙面必须垂直平整，板缝及接线盒、管卡、埋件与保温板开口处的缝隙，应用胶粘剂嵌塞密实。

6）保温墙上贴玻纤布。保温板安装完和胶粘剂达到强度后，检查所有缝隙是否粘结良好，板拼缝处应粘贴 50mm 宽玻纤布一层（角两侧各 100mm），板面满粘玻纤布一层，如图 3.8-42 所示。

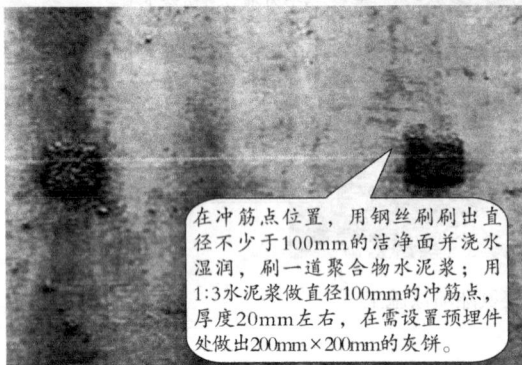

图 3.8-41　冲筋灰饼

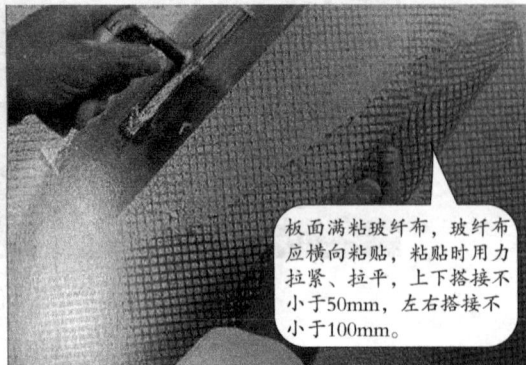

图 3.8-42　玻纤布铺贴

7）待玻纤布粘贴层干燥后，墙面满刮 2~3mm 石膏腻子，分 2~3 遍刮平，与玻纤布一起组成保温墙的面层，最后按设计规定做内饰面层。

7. 增强粉刷石膏聚苯板外墙内保温系统

（1）工艺流程

基层处理→吊垂直、套方、弹控制线→配制粘贴石膏粘贴聚苯板→抹灰、压入 A 型玻纤网格布→做门窗洞口护角及踢脚→粘 B 型玻纤网格布→刮柔性耐水腻子→涂刷饰面→检测验收。

（2）质量控制要点

1）基层处理。去除墙面影响附着的物质，凸出的混凝土或砂浆应剔平。

2）弹线、贴灰饼。根据空气层与聚苯板的厚度以及墙面平整度，在与墙体内表面相邻的墙面、顶棚和地面上弹出聚苯板粘贴控制线、门窗洞口控制线；如对空气层厚度有严格要求时，可根据聚苯板粘贴控制线，做出 50mm×50mm 灰饼，按 2m×2m 的间距布置在基层墙面上。

3）粘贴聚苯板。墙面聚苯板应错缝排列，拼缝处不得留在门窗口四角处。粘贴聚苯板可用点框法或条粘法。点框法适用于平整度较差的墙面，应保证粘贴面积不少于 30%。聚苯板的粘结要确保垂直度和平整度，粘贴 2h 内不得触碰、扰动。

4）抹灰、挂网格布。用粉刷石膏砂浆在聚苯板面上按常规抹灰做法做出标准灰饼，抹灰平均厚度 8~10mm，待灰饼硬化后即可大面积抹灰。在抹灰层初凝前，横向绷紧 A 型网格布，用抹子压入到抹灰层内，网格布要尽量靠近表面。网格布接槎处搭接不小于 100mm。待粉刷石膏抹灰层基本干燥后，再在抹灰层表面绷紧粘贴 B 型网格布，网格布接槎处搭接不小于 150mm。

5）刮腻子。待网格布胶粘剂凝固硬化后宜在网格布上直接刮内墙柔性腻子，腻子层控制在 2mm，不宜在保温墙再抹灰找平。

6）门窗洞口护角、蹲厕间、踢脚板的处理。门窗洞口、立柱、墙阳角部位宜用粉刷石膏抹灰找好垂直后压入金属护角。水泥踢脚应先在聚苯板上满刮一层建筑用界面剂，拉毛后再用聚合物水泥砂浆抹灰；预制踢脚板应采用瓷砖胶粘剂满贴。厨房、卫生间墙体宜采用聚合物水泥胶粘剂和聚合物水泥罩面砂浆，防水层的施工宜在保温施工后进行。

8. 胶粉聚苯颗粒保温浆料玻纤网格布聚合物砂浆外墙内保温系统

（1）工艺流程

基层处理→界面处理、抹灰→门窗框表面保护→抗裂砂浆层施工→涂刷饰面→检测验收。

（2）质量控制要点

1）基层处理。基层均应做界面处理，用喷枪或滚刷均匀喷刷。

2）界面砂浆基本干燥后方可抹保温浆料，保温浆料应分层抹灰，每层抹灰厚度宜为20mm 左右，间隔时间应在 24h 以上，第一遍抹灰应压实，最后一遍抹灰厚度宜控制在10mm 左右，如图 3.8 - 43 所示。

3）门窗边框与墙体连接应预留出保温层的厚度，缝隙应分层填塞密实，并做好门窗框表面的保护。

4）保温层固化干燥后方可抹抗裂砂浆，抗裂砂浆抹灰厚度为 3~4mm，然后压入玻纤网格布，网格布搭接不小于100mm，楼梯间隔墙等需要加强的位置应铺贴双层网格布，底层网格布采用对接，面层网格布采用搭接。门窗孔洞边角处应沿45°方向提前设置增强网格布，网格布尺寸一般为（200~300）mm ×（300~400）mm，如图 3.8 - 44 ~图 3.8 - 46 所示。

图 3.8 - 43 保温浆料分层抹灰

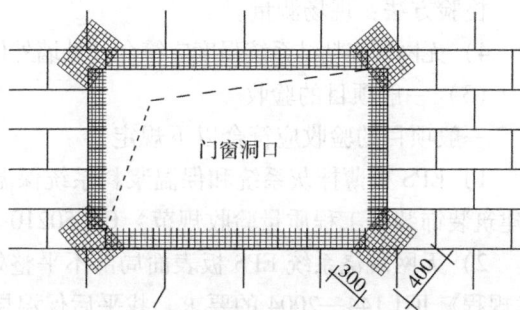

门窗洞口

图 3.8 - 44 网格布洞口做法

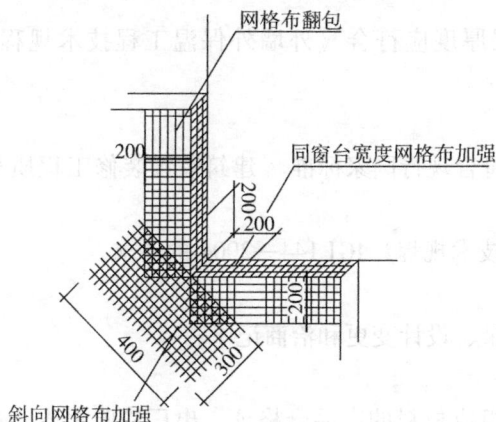

网格布翻包

同窗台宽度网格布加强

斜向网格布加强

图 3.8 - 45 网格布洞口做法

抗裂砂浆施工完毕，24h后方可进行饰面施工。

图 3.8 - 46 抗裂砂浆施工

3.8.4 外墙保温工程检测与验收

1. 外墙外保温工程

（1）检验批的划分

分项工程应以每 500～1000m² 划分为一个检验批，不足 500m² 也应划分为一个检验批；每个检验批每 100m² 应至少抽查一处，每处不得小于 10m²。

（2）主控项目的验收

主控项目的验收应符合以下规定：

1）外保温系统主要组成材料性能符合《外墙外保温工程技术规程》JGJ 144—2004 的要求。

图 3.8-47 针插法检查保温层厚度

检验方法：检查产品合格证、出厂检验报告和进场复验报告。

2）保温层厚度应符合设计要求。

检验方法：针插法检查，如图 3.8-47 所示。

3）EPS 板薄抹灰系统 EPS 板粘结面积应符合《外墙外保温工程技术规程》JGJ 144—2004 的要求。

检验方法：现场测量。

4）无网现浇粘结系统强度应符合《外墙外保温工程技术规程》JGJ 144—2004 的要求。

（3）一般项目的验收

一般项目的验收应符合以下规定：

1）EPS 板薄抹灰系统和保温浆料系统保温层垂直度和尺寸偏差应符合现行国家标准《建筑装饰装修工程质量验收规范》GB 50210—2001 的规定。

2）无网现浇系统 EPS 板表面局部不平整处的修补和找平应符合《外墙外保温工程技术规程》JGJ 144—2004 的要求。找平后保温层垂直度和尺寸允许偏差应符合现行国家标准《建筑装饰装修工程质量验收规范》GB 50210—2001 的规定。

检验方法：插针法检查。

3）有网现浇系统和机械固定系统抹面层厚度应符合《外墙外保温工程技术规程》JGJ 144—2004 要求。

检验方法：插针法检查。

4）抹面层和饰面层分项工程施工质量应符合现行国家标准《建筑装饰装修工程质量验收规范》GB 50210—2001 的规定。

5）系统抗冲击性符合《外墙外保温工程技术规程》JGJ 144—2004 的要求。

（4）外墙外保温竣工验收所需资料

1）外保温系统的设计文件、图纸会审记录、设计变更和洽商记录；

2）施工方案和施工工艺；

3）外保温系统的型式检验报告及其主要组成材料的产品合格证、出厂检验报告、进场复验报告和现场验收记录；

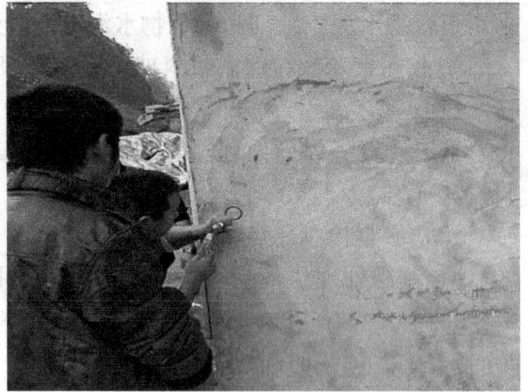

4）施工技术交底；

5）施工工艺记录及施工质量检验记录；

6）其他必须提供的资料。

2. 外墙内保温工程

（1）检验批的划分

分项工程应以每 $500 \sim 1000m^2$ 划分为一个检验批，不足 $500m^2$ 也应划分为一个检验批；每个检验批每 $100m^2$ 应至少抽查一处，每处不得小于 $10m^2$。

（2）主控项目的验收

1）内保温工程及其主要组成材料性能应符合《外墙内保温工程技术规程》JGJ/T 261—2011 的规定。

检验方法：检查产品合格证、出厂检验报告和进场复验报告。

2）保温层厚度应符合设计要求。

检验方法：插针法检查。

3）复合板内保温系统、有机保温板内保温系统和无机保温板内保温系统保温板粘贴面积应符合《外墙内保温工程技术规程》JGJ/T 261—2011 的规定。

检验方法：现场测量。

4）复合板内保温系统、有机保温板内保温系统和无机保温板内保温系统，保温板与基层墙体拉伸粘结强度不得小于 $0.1MPa$，并且应为保温板破坏。

检验方法：按现行行业标准《建筑工程饰面砖粘结强度检验标准》JGJ 110—2008 的规定现场检验，式样尺寸应为 $100mm \times 100mm$，如图 3.8 – 48 所示。

5）保温砂浆内保温系统，应在施工中制作同条件养护试件，检测其导热系数、干密度和抗压强度。保温砂浆的同条件养护试件应见证取样送检。

检验方法：核查实验报告。

6）保温砂浆干密度应符合设计要求，且不应大于 $350kg/m^3$。

检验方法：现场制样，并按现行国家标准《建筑保温砂浆》GB/T 20473—2006 的规定检验。

7）喷涂硬泡聚氨酯内保温系统，保温层与基层墙体的拉伸粘结强度不得小于 $0.1MPa$，抹面层与保温层的拉伸粘结强度不得小于 $0.1MPa$，且破坏部位不得位于各层界面。

检验方法：按现行国家标准《硬泡聚氨酯保温防水工程技术规范》GB 50404—2007 的规定检验。

8）当设计要求在墙体内设置隔汽层时，隔汽层的位置、使用的材料及构造做法应符合设计要求和有关标准的规定。隔汽层应完整、严密，穿透隔汽层处应采取密封措施。

检验方法：对照设计观察检查；检查质量证明文件和隐蔽工程验收记录。

9）热桥部位的处理应符合设计和

图 3.8 – 48　现场保温拉拔试验

《外墙内保温工程技术规程》JGJ/T 261—2011 的要求。

检验方法：对照设计和施工方案观察检查；检查隐蔽工程验收记录。

（3）一般项目的验收

1）饰面层厚度应符合《外墙内保温工程技术规程》JGJ/T 261—2011 的要求。

检验方法：插针法检查。

2）内保温系统抗冲击性能应符合《外墙内保温工程技术规程》JGJ/T 261—2011 的规定。

检验方法：按现行行业标准《外墙内保温板》JG/T 159—2004 的规定检验。

3）内保温工程的饰面层施工质量应符合现行国家标准《建筑装饰装修工程质量验收规范》GB 50210—2001 的有关规定。

4）当采用增强网作为防止开裂的措施时，增强网的铺贴和搭接应符合设计和施工方案的要求。抹面胶浆抹压应密实，不得空鼓，增强网不得褶皱、外露。

检验方法：观察检查，核查隐蔽工程验收记录。

5）复合板之间及龙骨固定系统面板之间的接缝方法应符合施工方案的要求，复合板接缝应平整严密。

检验方法：观察检查。

6）墙体上易碰撞的阳角、门窗洞口及不同材料基体的交接处等特殊部位，抹面层的加强措施和增强网做法，应符合设计和施工方案的要求。

检验方法：观察检查；核查隐蔽工程验收记录。

3.9 逆作法施工

3.9.1 逆作法施工的定义及分类

1. 逆作法施工的定义

逆作法施工是指在逆作面先形成竖向结构，以下各层地下水平结构自上而下依次施工，并利用地下水平结构平衡抵消维护结构侧向土压力的施工方法，如图 3.9－1 所示。

先沿地下室轴线或周边施工临时围护墙及水平支撑结构，再逐层向下开挖土方。

施工过程应全程监测。

图 3.9－1　逆作法施工

2. 逆作法施工的分类

逆作法施工的分类可分为全逆作法、半逆作法、部分逆作法、分层逆作法。

（1）全逆作法：利用地下各层永久水平结构对四周围护结构形成水平支撑，自逆作面向下依次施工地下结构的方法，如图 3.9 - 2 所示。

（2）半逆作法：利用地下室各永久水平结构中先期浇筑的肋梁，对四周围护结构形成水平支撑，待土方开挖完成后，再二次浇筑楼板的施工方法，如图 3.9 - 3 所示。

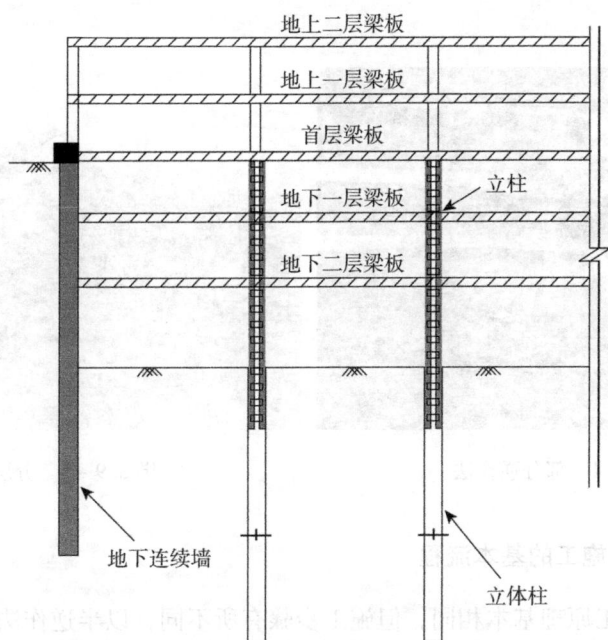

图 3.9 - 2 全逆作法

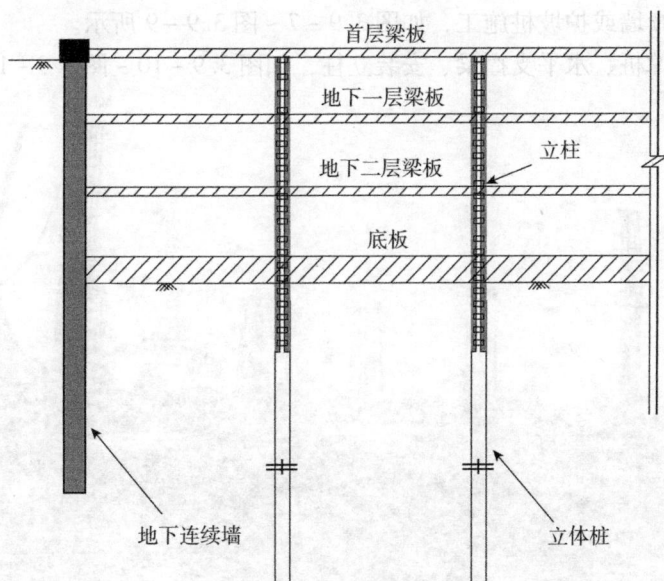

图 3.9 - 3 半逆作法

（3）部分逆作法：基坑部分采取顺作法，部分采用逆作法的施工方法。部分逆作法一般有主楼先顺做，裙房后逆作；裙房先逆作，主楼后顺做；中间顺做，周边逆作，如图 3.9－4 所示。

（4）分层逆作法：针对基坑围护采取土钉支护、土层锚杆等方式，由上往下进行施工，各层采取先开挖周边土方，施工土钉或锚杆后再大面积开挖中部土方，继而完成该层地下结构的施工方法。分层逆作法造价较低，施工速度较快，一般用在土质较好的地区，如图 3.9－5 所示。

图 3.9－4　部分逆作法

图 3.9－5　分层逆作法

3.9.2　逆作法施工的基本流程

各逆作法的施工原理基本相同，但施工步骤有所不同，以半逆作法为例，其典型施工流程如下：

（1）场地清理、盆式开挖土方，如图 3.9－6 所示。

（2）地下连续墙或护坡桩施工，如图 3.9－7 ~ 图 3.9－9 所示。

（3）施工支撑桩、水平支撑梁、安装立柱，如图 3.9－10 ~ 图 3.9－13 所示。

图 3.9－6　土方开挖

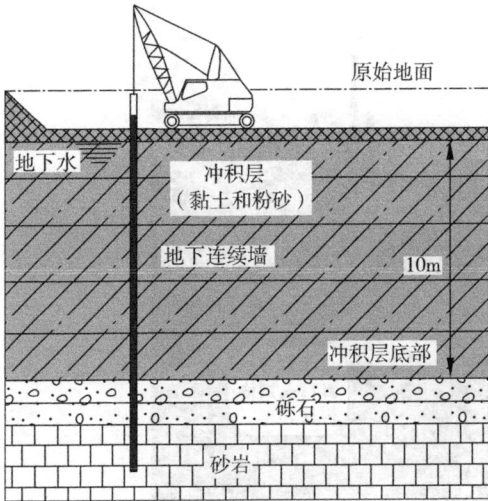

图 3.9 - 7 地下连续墙施工示意图

图 3.9 - 8 地下连续墙施工

图 3.9 - 9 护坡桩施工

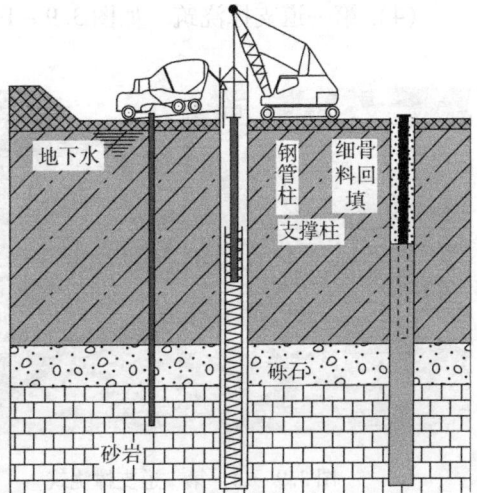

图 3.9 - 10 施工支撑桩和安装立柱示意图

图 3.9 - 11 水平支撑梁施工

图 3.9 - 12 支撑桩和立柱成孔

图 3.9 - 13 立柱

（4）第一道支撑浇筑，如图 3.9 - 14 ~ 图 3.9 - 16 所示。

图 3.9 - 14 第一道支撑浇筑

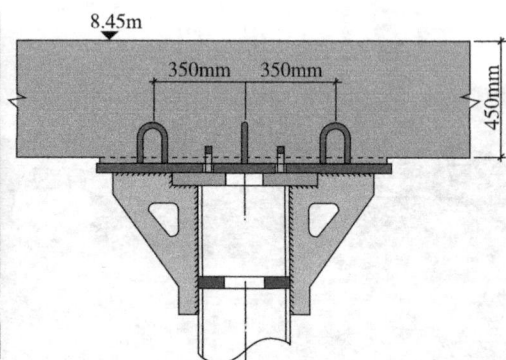

图 3.9 - 15 立柱柱头做法

（5）第二道支撑施工，如图 3.9 - 17 ~ 图 3.9 - 19 所示。

图 3.9 - 16 第一层支撑成型

图 3.9 - 17 第二层土方开挖

图3.9-18 第二道支撑垫层浇筑

图3.9-19 第二道支撑施工完成

（6）第三层土方开挖，基础底板施工，如图3.9-20~图3.9-24所示。

图3.9-20 第三层土方开挖

图3.9-21 底板钢筋施工

图3.9-22 底板混凝土施工完成

图3.9-23 破桩完成

3.9.3 逆作法施工的工艺要点

1. 围护墙与结构外墙相结合

地下连续墙作为主体地下室外墙与围护墙相结合的方式通常称为"两墙合一"。其结合的方式又分为单一墙、分离墙、重合墙、复合墙。

图 3.9 – 24 底板防水施工

单一墙构造简单，但地下连续墙与主体结构连接点需满足结构受力要求，且防渗要求较高；一般需在地下连续墙内设置内衬墙，两墙之间设置排水沟以解决渗漏问题，如图 3.9 – 25 所示。

分离墙结构也较简单且受力明确，地下连续墙只有挡土和防渗功能，主体结构外墙承受竖向荷载；若结构层高较高，可在层间加设支点，并对外墙结构采取加强措施，如图 3.9 – 26 所示。

重合墙由于中间填充了隔绝材料，地下连续墙与主体结构外墙所产生的竖向变形互不影响，但水平方向的变形则相同；若地下结构深度较大，在地下连续墙厚度不变的条件下，可通过增大外墙厚度等措施承受较大应力；但由于地下连续墙表面不平整，不利于隔绝材料的铺设施工，且可能导致应力传递不均，如图 3.9 – 27 所示。

复合墙即把地下连续墙和主体结构外墙形成整体，刚度大大提高，防渗性能较好，但是结合面的施工较为复杂，且新老混凝土不同收缩产生的应变差可能会影响复合墙的受力效果，如图 3.9 – 28 所示。

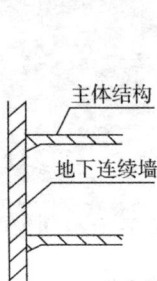

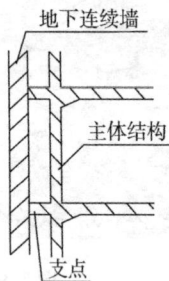

图 3.9 – 25 单一墙　　图 3.9 – 26 分离墙　　图 3.9 – 27 重合墙　　图 3.9 – 28 复合墙

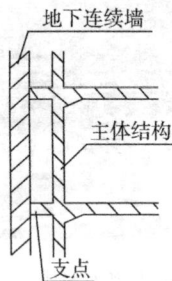

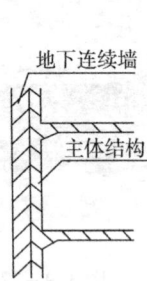

两墙合一地下连续墙施工控制：

（1）垂直度控制

地下连续墙施工所用成槽机械或铣槽机械均需具有自动纠偏装置，以便在成槽过程中适时监测偏斜情况，并且可以自动调整，如图 3.9 – 29、图 3.9 – 30 所示。

特点：结构简单，易于操作维修，运转费用低，多用于较软弱的冲积层。

成槽过程须随时注意槽壁垂直度情况，每一抓到底后，用超声波测定仪测定成槽情况，发现倾斜指针超出规定范围，应立即启动纠偏系统调整垂直度，确保垂直度达到规定的要求。

图 3.9 – 29　成槽机

特点：先进、工效快，适用于不同地质条件，包括基岩。但设备昂贵，成本高，不适用于漂石、大孤石。

图 3.9 – 30　铣槽机

（2）平整度控制

对两墙合一地下连续墙墙面平整度影响最大的是泥浆护壁效果，可根据实际试成槽施工情况，调节泥浆相对密度，并对每一批新制泥浆进行主要性能的测试。

施工过程中大型机械不得在槽段边缘频繁走动，以保证地下连续墙边道路的稳定，可在道路施工前对道路下面部分土体加固，也可起到隔水作用。同时应控制成槽机掘进速度和铣槽进尺速度，以防掘进速度过快，槽壁失稳。

（3）接头防渗

由于地下连续墙采用泥浆护壁成槽，接头混凝土面上附着一定厚度的泥皮，基坑开挖后，在水压作用下接头部位可能产生渗漏水及冒砂，所以两墙合一地下连续墙的防水防渗要求极高，接头连接需满足受力和防渗要求。

两墙合一地下连续墙接头形式应优先选用防水性能更好的刚性接头，可采用 H 型钢接头、圆形接头、十字钢板接头等，如图 3.9 – 31 ~ 图 3.9 – 37 所示。

图 3.9－31　H 型钢接头

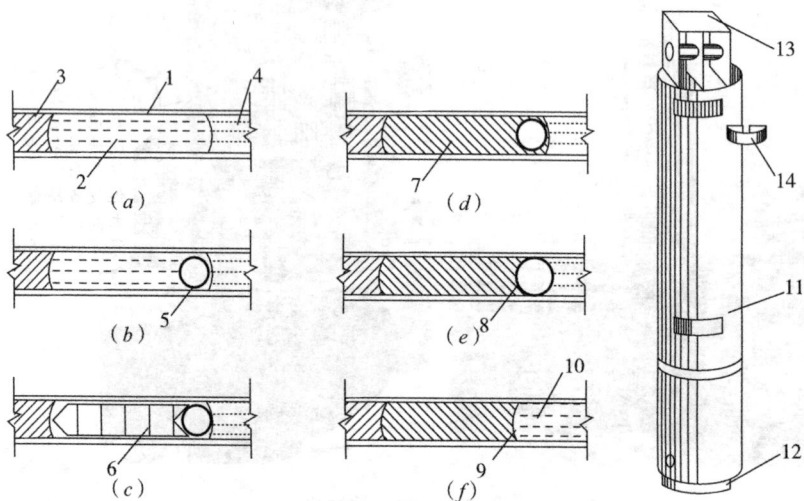

图 3.9－32　圆形接头

1—地下连续墙墙壁；2—新浇混凝土；3—先施工槽段；4—未施工槽段；5—圆形接头管；
6—钢筋笼；7—初凝混凝土；8—接头管；9—锁口；10—下一段连续墙新浇混凝土；
11—接头管；12—接头管与内撑连接件；13—接头管钢内撑；14—吊环

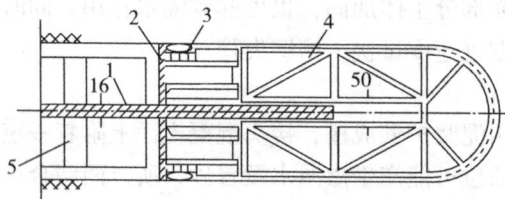

图 3.9－33　十字钢板接头

1—接头钢板；2—封头钢板；3—滑板式接箱；4—U 形接头管；5—钢筋笼

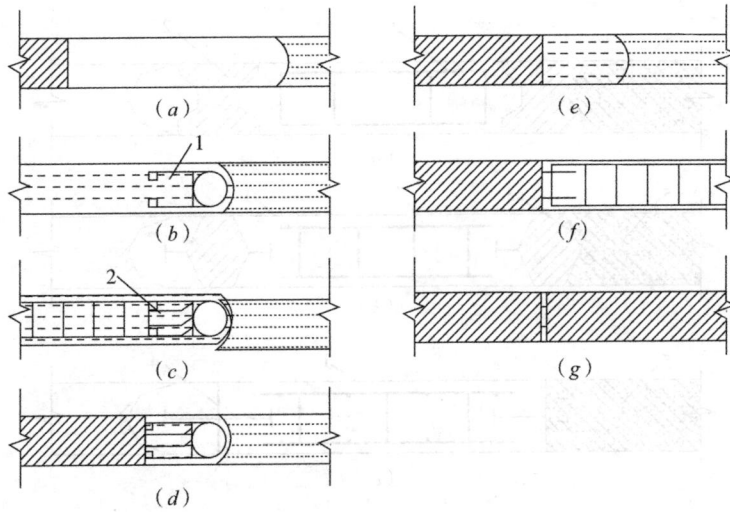

图 3.9 - 34 接头箱接头

1—接头箱；2—钢筋笼

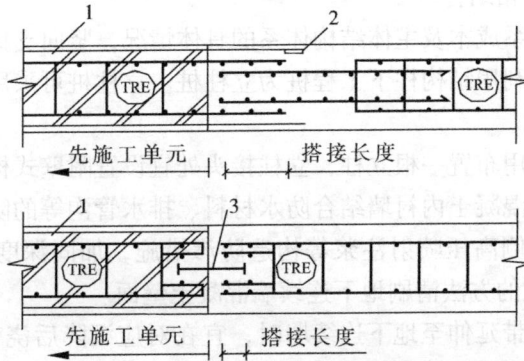

先施工单元 ← | 搭接长度

先施工单元 ← | 搭接长度

图 3.9 - 35 钢板组合接头

1—先施工槽段；2—止水片；3—止水钢板

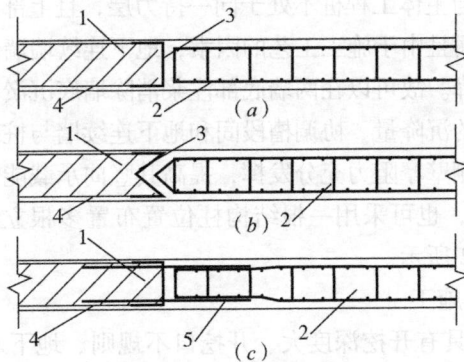

图 3.9 - 36 隔板式接头

1—先施工槽段；2—后施工槽段；3—M 型钢板；4—止水片；5—先行搭接钢筋

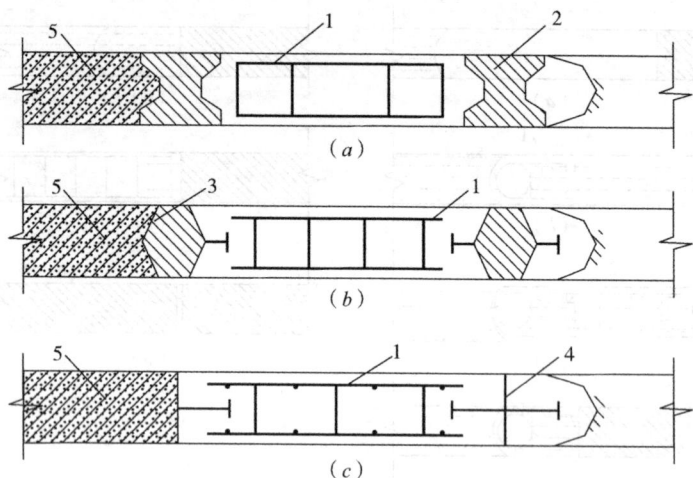

图 3.9 - 37 预制块接头

1—钢筋笼；2—预制接头块；3—预制接头块；4—止水钢板；5—先施工槽段

2. 立柱桩与工程桩相结合

考虑到基坑支护体系成本及主体结构体系的具体情况，竖向支撑结构柱应尽量设置于主体结构柱位置，并应利用结构柱下工程桩为立柱桩。立柱桩可采用角钢格构柱、H型钢或钢管混凝土柱等形式。

竖向支撑结构宜采用布置一根立柱，立柱接头处宜设置附壁式构造柱或框架柱、排水沟结合构造墙体、钢筋混凝土内衬墙结合防水材料、排水管沟等的防渗构造措施。可采取槽壁加固、槽段接头外侧高压喷射注浆等构造防渗措施，加固深度宜达基坑开挖面以下1m。施工中应采取有效的方法清刷地下连续墙混凝土壁面。

主体结构沉降后浇带延伸至地下连续墙时，宜在对应沉降后浇带位置留设槽段分缝，分缝位置应确保止水可靠性；地下连续墙在使用阶段需要开设外接通道时，应根据开洞位置采取加强措施和可靠的防水措施；地下连续墙与主体结构连接的接缝位置（如顶板、底板）可根据防水等级要求设置刚性止水片、膨胀止水条或预埋注浆管等构造措施。

两墙合一地下连续墙与主体工程桩不处于同一持力层，且上部荷载重的分担不均，会对变形协调有较大的影响；而且由于施工工艺的因素，地下连续墙墙底和工程桩端受力状态的差异会产生两者的差异沉降。故可以在两墙底部注浆消除墙底沉淤、加固墙侧和墙底附近的土层，以减少地下连续墙的沉降量、协调槽段间和地下连续墙与桩基的差异沉降，还可以使地下连续墙墙底端承力和侧壁摩阻力充分发挥，提高其竖向承载能力，如图3.9 - 38所示。

桩的形式即一柱一桩，也可采用一根结构柱位置布置多根立柱和立桩，即一柱多桩，如图3.9 - 39 ~ 图3.9 - 42所示。

3. 逆作法临时支撑的施工

逆作法施工工程往往具有开挖深度大、开挖口不规则、地下水位高、土质稳定性差等缺点，单靠围护墙难以满足结构安全、基坑稳定以及保护周边环境要求。对于该类问题通常通过对开口区采取临时封板、增设临时支撑等加固措施解决，如图3.9 - 43 ~ 图3.9 - 45所示。

注浆管应采用钢管，注浆管下端应伸至槽底200~500mm；注浆量应符合设计要求，注浆压力控制在0.2~0.4MPa。

图 3.9 - 38　注浆管

图 3.9 - 39　格构柱结构柱合一

常用机械调锤法、导向筒法控制立柱的垂直度。

图 3.9 - 40　一柱一桩

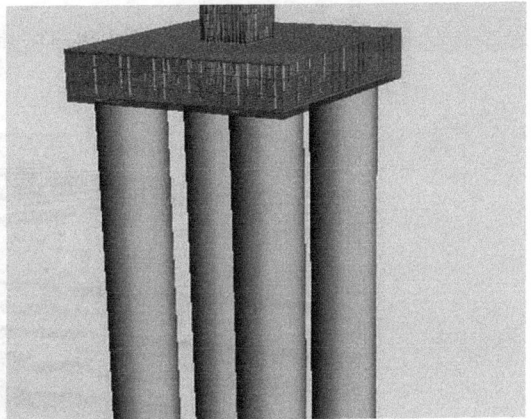

图 3.9 - 41　一柱多桩

一般钢管内混凝土强度等级高于工程桩混凝土，因此施工时应重点处理不同强度等级混凝土施工界面。

图 3.9 - 42　钢管混凝土柱

图 3.9-43 混凝土临时支撑

图 3.9-44 型钢临时支撑

图 3.9-45 钢管临时支撑

待逆作结构主要撑力构件施工完毕后，需将临时支撑拆除，如图 3.9 - 46 所示。

用绳锯将混凝土支撑梁分块切割拆除。

图 3.9 - 46 临时支撑拆除

逆作法施工中，后浇带位置也必须有临时支撑系统，如图 3.9 - 47 所示。

后浇带两侧可用钢柱做临时支撑。

通常做法是在后浇带两侧水平结构间设置水平型钢临时支撑，在水平肋梁下距后浇带1m左右处设竖向支撑以确保结构稳定。

图 3.9 - 47 后浇带临时支撑

4. 逆作法结构施工措施

（1）地下连续墙与主体结构沉降控制

1）地下连续墙和立柱桩尽量处于相同持力层，或在地下连续墙和立柱桩施工时预设注浆管，通过槽底注浆和桩端后注浆提高地下连续墙和立柱桩的竖向承载力，如图 3.9 - 48 所示。

2）在基础底板靠近地下连续墙位置设置边桩，或对基坑内外土体进行加固；为增加地下结构刚度，可采取增设水平临时支撑、周边设置斜撑、增设竖向剪刀撑、局部结构构件加强等措施。

3）成槽结束后及入槽前，往槽底投放适量碎石，使碎石面标高高出设计槽底 5～10cm 左右，依靠墙段的自重压实槽底碎石及土层，以提高墙端承载力，改善墙端受力条件。

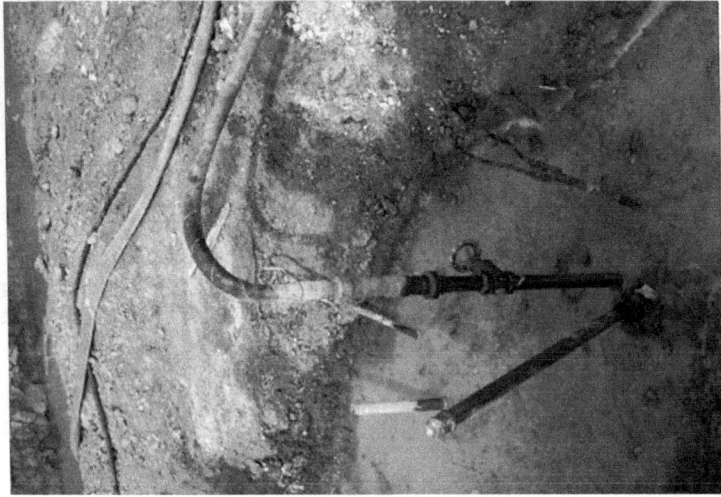

图 3.9-48　桩端后注浆

4）严格控制地下连续墙、立柱及立柱桩的施工质量；合理确定土方开挖和地下结构的施工顺序，适时调整施工工况，应根据检测数据适时调整上部结构的施工区域及施工速度。

5）在地下连续墙顶部设冠压顶梁，如图 3.9-49 所示。

地下连续墙顶部冠梁与围护桩顶冠梁相似；地下连续墙顶部冠梁需预留钢筋，后期与上部结构墙体连接。

压顶圈梁与地下连续墙、后浇带结构外墙之间应采取止水措施，如预埋止水钢板等。

图 3.9-49　墙顶压顶梁

在底板与地下连续墙连接处设置嵌入地下连续墙中的底板环梁，或采用刚性施工接头等措施，将各幅地下连续墙槽段连成整体，如图 3.9-50 所示。

（2）后浇带与沉降缝位置的构造处理

1）施工后浇带

地下连续墙在施工后浇带位置时通常的处理方法是将相邻的两幅地下连续墙槽段接头设置在后浇带范围内，且槽段之间采用柔性连接接头，即为素混凝土接触面，不影响底板

以普通地下连续墙工字钢柔性接头为基础施工成格构状结构，格栅施工完成后，在格栅空腔中采用明挖顺做的方法，边开挖空腔内土体边采用连接钢板将前后墙端头的工字钢锁口钢板与中隔墙端头的预埋接头钢板焊接，再在格栅空腔内一定高度采用现浇钢筋混凝土板将前后墙与中隔墙连接为一体，完成连续墙柔性接头至刚性接头转换。

优点：与现有的技术相比，具有施工安全、可靠、造价低、整体性好、施工质量有保证等特点。

图 3.9-50 格栅式刚性接头

在施工阶段的各自沉降。同时为确保地下连续墙分缝位置的止水可靠性以及与主体结构连接的整体性，施工缝位置设置的旋喷桩及扶壁柱待后浇带施工完毕后再施工。

2）永久沉降缝

在沉降缝等结构永久设缝位置，两侧两墙合一地下连续墙应完全断开，但考虑到在施工阶段地下连续墙起到挡土和止水的作用，在断开位置需要采取一定的构造措施。

沉降缝设置在转角处时，一侧连续墙应做成转角槽段，与另一侧平直段墙体相切，两幅槽段空档在坑外采用高压旋喷桩进行封堵止漏，地下连续墙内侧应预留接驳器和止水钢板，与内部后接结构墙体形成整体连接，如图 3.9-51 所示。

图 3.9-51 接驳器与止水钢板

沉降缝位置在平直段时，两侧地下连续墙间空开一定宽度，在外侧增加一幅直槽段解决挡土和止水的问题，或直接在沉降缝位置设置槽段柔性接头，另外在正常使用阶段必须将沉降缝两侧地下连续墙的压顶梁完全分开。

（3）立柱与结构梁施工构造措施

1）角钢格构柱与梁的连接节点

角钢格构柱与结构梁连接点处的竖向荷载，主要通过立柱上的抗剪栓钉或钢牛腿等抗剪构件承受，如图 3.9 - 52、图 3.9 - 53 所示。

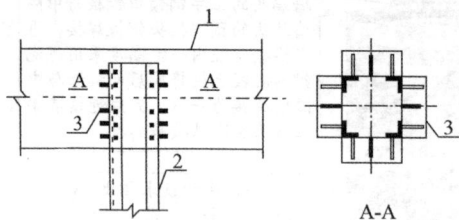

图 3.9 - 52　栓钉连接点

1—结构梁；2—立柱；3—栓钉

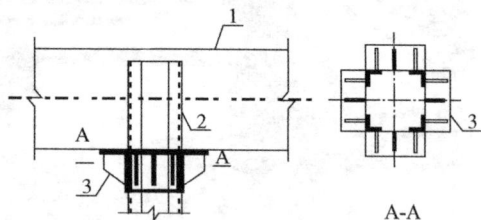

图 3.9 - 53　钢牛腿连接点

1—结构梁；2—立柱；3—钢牛腿

结构梁钢筋穿越立柱时，梁柱连接点一般有钻孔钢筋连接法、传力钢板法、梁侧加腋法。

钻孔钢筋连接法是在角钢格构柱或角钢上钻孔穿钢筋的方法，如图 3.9 - 54 ~ 图 3.9 - 56 所示。

施工要点：施工前应严格计算以确保钻孔截面损失后的角钢格构柱承载力满足要求。

图 3.9 - 54　格构柱钻孔

梁筋与型钢柱钢板焊接传力。

图 3.9 - 55　传力钢板

传力钢板法是在格构柱上焊接连接钢板，将无法穿越的结构梁主筋与传力钢板焊接的方法。

梁侧加腋法是通过在梁侧加腋的方式扩大节点位置的梁的宽度，使梁主筋从角钢格构柱侧面绕行贯通的方法，如图 3.9 - 56 所示。

2）钢筋混凝土立柱与梁的连接节点

平面上梁主筋无法穿越钢管混凝土立柱，该节点通过传力钢板连接，即在钢管周边设置带肋环形钢板，梁板钢筋焊接在环形钢板上，如图 3.9 - 57 所示。

（4）水平结构与围护墙的连接构造措施

1）水平结构与两墙合一地下连续墙的连接

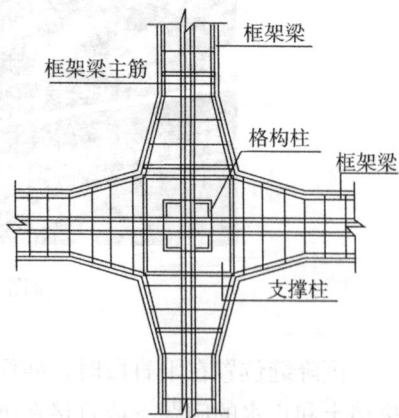

图 3.9 - 56　梁侧加腋法

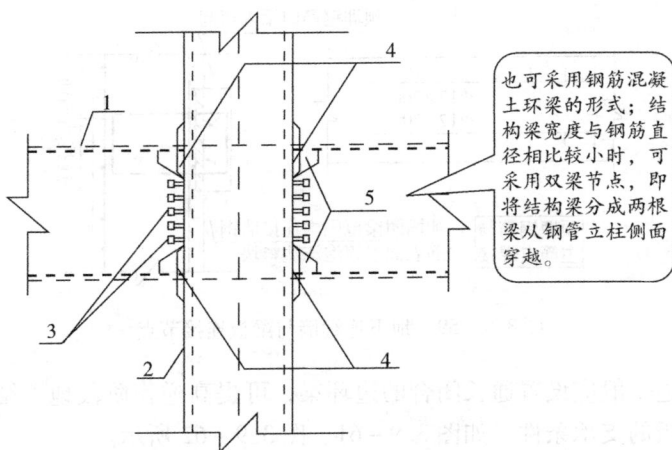

图 3.9 – 57　钢管立柱环形钢板传力件节点

1—结构框架梁；2—钢管立柱；3—栓钉；4—弧形钢板；5—加劲环板

结构底板和地下连续墙的连接一般采用刚性连接，常用连接方式主要有预埋接驳器和预埋钢筋连接等形式，如图 3.9 – 58 所示。

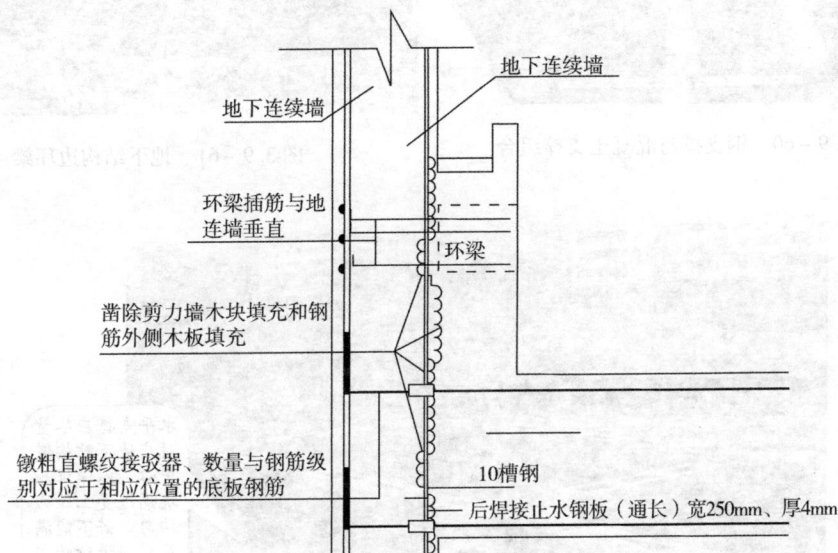

图 3.9 – 58　结构底板和地下连续墙连接

地下结构楼板和地下连续墙的连接通常采用预埋钢筋和预埋剪力连接件的形式，也可通过边环梁与地下连续墙连接，楼板钢筋进入边环梁，边环梁通过地下连续墙内预埋钢筋的弯出和地下连续墙连接，如图 3.9 – 59 所示。

2）水平结构与临时围护墙的连接

水平结构与临时围护墙的连接需解决水平传力和接缝防水问题。临时围护墙与地下结构之间水平传力体系一般采用钢支撑或型钢混凝土组合支撑形式，如图 3.9 – 60 所示。

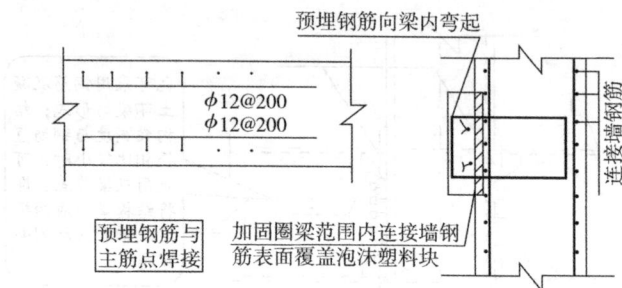

图 3.9 - 59　地下连续墙与梁板连接节点

地下结构周边一般应设置通长闭合的边环梁，可提高逆作阶段地下结构的整体刚度，改善边跨结构楼板的支承条件，如图 3.9 - 61、图 3.9 - 62 所示。

图 3.9 - 60　钢支撑与混凝土支撑组合

图 3.9 - 61　地下结构边环梁

图 3.9 - 62　地下连续墙边环梁

边跨结构存在二次浇筑的工序要求，逆作阶段先施工的边梁与后浇筑的边跨结构接缝处应采取止水措施。若顶板有防水要求，可先凿毛边梁与后浇筑结构顶板的接缝面，然后通长布置遇水膨胀止水条；也可在接缝处设注浆管，待结构达到强度后注浆充填接缝处的微小缝隙。周边设置的临时支撑穿越外墙，应在对临时支撑穿越外墙位置采取设置止水钢板或止水条的措施，也可在临时支撑处留洞，洞口设置止水钢板，待支撑拆除后再封闭洞口。

　　3）底板与钢立柱连接处的止水构造

　　钢立柱在底板位置应设置止水构件防止地下水上渗，通常采用钢立柱周边加焊止水钢板或止水环梁的形式，如图3.9-63、图3.9-64所示。

焊缝应饱满密实，钢立柱周围钢筋结构加强。

板筋锚入环梁，环梁与立柱焊接牢靠，确保密不漏水。

图3.9-63　止水钢板　　　　　　　　　　图3.9-64　止水环梁

3.9.4　逆作法的监测

　　由于逆作法施工采用永久结构与支护结构相结合的工艺，除了常规的基坑工程施工监测外，尚应进行有针对性的施工监测。

　　1. 地下连续墙监测

　　（1）地下连续墙倾斜检测，将测斜管绑扎在连续墙钢筋笼的主筋上，并封死管底，上部加盖保护盖，如图3.9-65所示。

图3.9-65　地下连续墙测斜管安放

　　（2）地下连续墙顶平面位移及沉降检测，按设计要求在地下连续墙顶面设置监测点，用水准仪检测仪器进行检测。

（3）钢立柱变形及沉降检测，在设计位置布置监测点，用水准仪进行检测。

（4）水平支撑轴力及梁板内力检测，如图 3.9-66 所示。

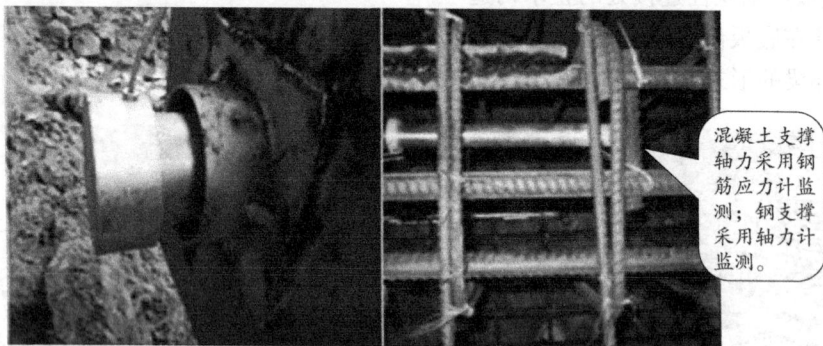

混凝土支撑轴力采用钢筋应力计监测；钢支撑采用轴力计监测。

图 3.9-66　轴力检测

（5）地下水位用水位仪监测，水位管底部 2m 长范围内的测管打若干排小孔，孔距不大于 20cm，便于地下水进入管中；同时用纱布包裹该段管子以免管外土粒进入管中。管子下入孔底后以中粗砂封孔，地表下 2m 长范围内管外孔隙用黏性土封堵，以免地表水流入管中。

（6）基坑周围地表及邻近建筑物沉降检测，测点应选在建筑物的墙角、人行道路等处。在设计位置埋设一沉降监测标点，如埋设不便，也可用红漆标记，如图 3.9-67 所示。

围护墙或基坑边坡顶部的水平和竖向位移检测点应沿基坑周边布置，周边中部、阳角处应布置监测点；水平与竖向位移检测点宜为同一点；监测点水平间距不大于 20m，每边监测点数目不宜少于 3 个。监测点宜布置在围护墙顶部或基坑坡顶上。

还应在围护墙外侧设置土压计，实测坑外土压力的变化，其埋设的位置宜与围护结构深层侧向变形监测点一致。通过在坑内外埋设分层沉降观测孔，利用分层沉降仪可量测基坑开挖过程中土层的沉降量及坑外土体的沉降量。

图 3.9-67　监测点布置

2. 立柱桩与围护墙监测

（1）立柱桩监测点宜布置在立柱桩轴线与围护墙的交叉点处，既可以监测围护墙顶部的变形，又可掌握围护墙与立柱桩之间的变形差。围护墙位移监测点宜与围护墙压顶梁垂直及水平位移监测点协调。

（2）与永久结构相结合的围护墙应考虑施工阶段和使用阶段的内力情况，故应在围护墙内布设钢筋应力测孔，每个检测孔中宜分两个剖面埋设，分别为迎土面和迎坑面，每个检测孔在竖向范围埋设若干应力计。

（3）立柱桩与工程桩结合时，应对每根立柱桩的垂直位移进行监测，监测点一般设置在立柱桩的顶部。同时监测立柱桩桩身应力，应根据立柱桩设计荷载分布和立柱桩平面分布特点，以及立柱桩荷载大小确定设点比例，荷载越大，设点比例越高，布点时还应考虑压力差较大的立柱桩。

3.9.5　地下连续墙质量检查与验收

地下连续墙工程观感质量验收应符合现行国家标准《混凝土结构工程施工质量验收规范》GB 50204—2015 的有关规定，现浇结构外观质量缺陷判定不应有严重缺陷。

质量验收应符合现行国家标准《混凝土结构工程施工质量验收规范》GB 50204—2015、《建筑地基基础工程施工质量验收规范》GB 50202—2002、《型钢混凝土组合结构技术规程》JGJ 138—2001 等有关规定。

质量验收应提交的文件和记录有：

（1）岩土工程勘察报告、图纸会审记录、设计变更文件、经审定的施工组织设计、施工方案；

（2）桩位测量放线图及工程桩位线复核签证单、桩身完整性检测报告及单桩承载力检测报告；

（3）原材料出厂合格证和进场复试报告；

（4）混凝土强度试验报告、钢筋接头试验报告，预应力筋用锚具、连接器的合格证和进场复试报告；

（5）混凝土施工记录、隐蔽工程验收记录、分项工程验收记录，预应力筋安装、张拉及灌浆记录；

（6）工程重大质量问题的处理方案和验收记录及其他必要的文件和记录；

（7）竖向构件有效断面设计交底记录及垂直度验收记录。

第4章 《建筑工程绿色施工规范》
GB/T 50905—2014 应用

4.1 绿色施工总体框架

绿色施工总体由施工管理、环境保护、节材与材料资源利用、节水与水资源利用、节能与能源利用、节地与施工用地保护这六方面组成。这六个方面涵盖了绿色施工的基本指标，同时包含了施工策划、材料采购、现场施工、工程验收等各阶段的指标，如图4.1-1所示。

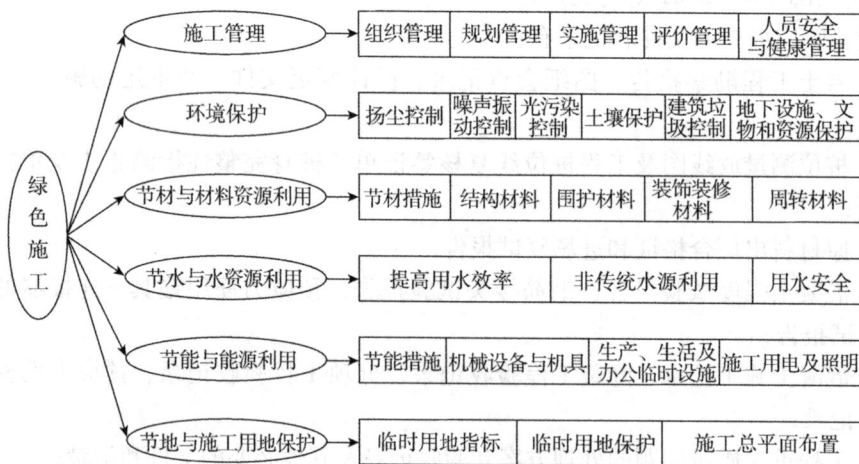

图4.1-1 绿色施工总体框架图

4.2 绿色施工的意义

绿色施工的总体原则是在保证质量、安全等基本要求的前提下，通过科学管理和技术进步，最大限度地节约资源，减少对环境负面影响，实现节能、节材、节水、节地和环境保护（"四节一环保"）的建筑工程活动。

绿色施工的具体意义包括：

（1）依据"四节一环保"的理念，统筹和规划施工全过程，创建资源节约、人员健康、环境优美及和谐的施工环境，如图4.2-1~图4.2-5所示。

（2）改变传统施工工艺和管理模式，在保证质量和安全的前提下，努力实现节地、节能、节水、节材和环境保护的基本方针，如图4.2-6~图4.2-8所示。

（3）高效利用资源，以健康、节约为原则，兼顾高效、低耗、环保等要素，实现经济、社会、环保（生态）综合效益最大化，如图4.2-9所示。

图 4.2-1 采用节能阻燃的活动板
搭建生活和办公用房

图 4.2-2 生活和办公区域设置绿化带
提高办公、生活环境质量

图 4.2-3 生活和办公区域按规范要求
设置消防器材

图 4.2-4 施工区域出入口按规范要求
设置消防器材

图 4.2-5 在施工程按规范要求
随层设置消防器材

图 4.2-6 对生活用水、施工用水
分别进行计量管理

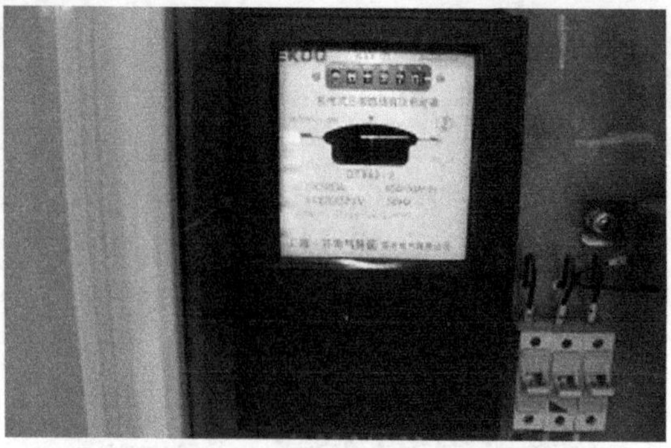

图 4.2－7　对生活用电、施工用电分别进行计量管理

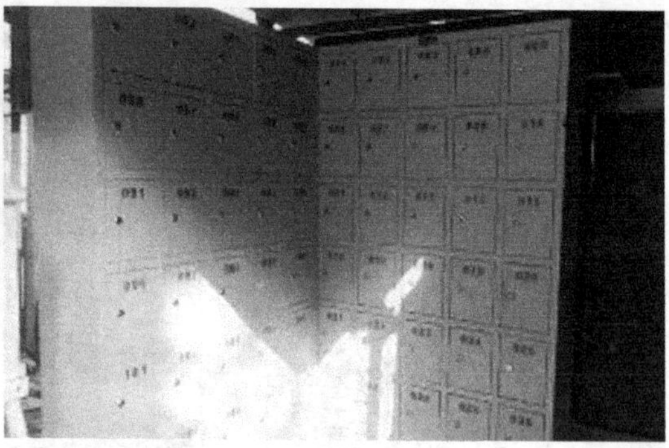

图 4.2－8　配置集中手机充电柜

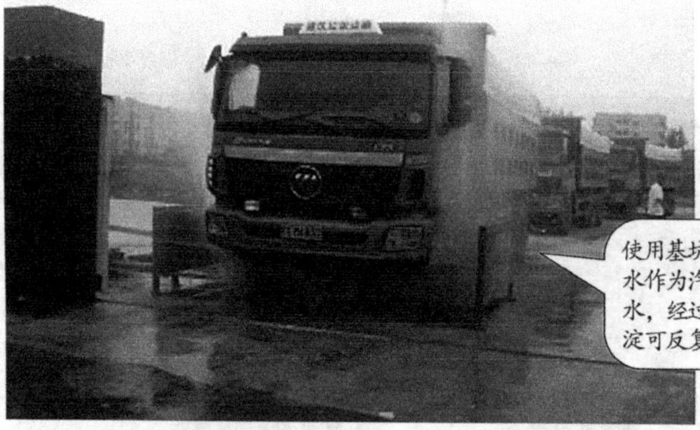
使用基坑降水、雨水作为汽车冲洗用水，经过沉淀池沉淀可反复使用。

图 4.2－9　场区出入口设置自动冲洗设备

（4）通过绿色施工，对当前的材料消耗、环境保护和人员健康作出正确评估，提高企业节能、降耗的环保意识，如图 4.2－10 所示。

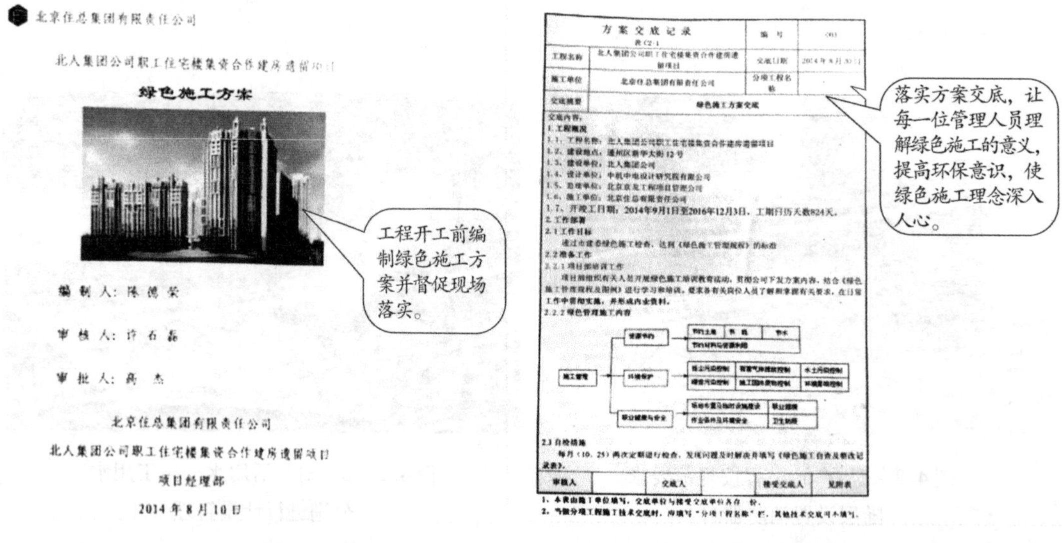

北京住总集团有限责任公司

北人集团公司职工住宅楼集资合作建房遗留项目

绿色施工方案

编 制 人：陈德荣

审 核 人：许石磊

审 批 人：高 杰

北京住总集团有限责任公司

北人集团公司职工住宅楼集资合作建房遗留项目

项目经理部

2014 年 8 月 10 日

方案交底记录 表 C2-1		编 号	003
工程名称	北人集团公司职工住宅楼集资合作建房遗留项目	交底日期	2014 年 8 月 30 日
施工单位	北京住总集团有限责任公司	分项工程名称	
交底摘要	绿色施工方案交底		

交底内容：

1. 工程概况

1.1、工程名称：北人集团公司职工住宅楼集资合作建房遗留项目

1.2、建设地点：通州区新华大街 12 号

1.3、建设单位：北人集团公司

1.4、设计单位：中机中电设计研究院有限公司

1.5、监理单位：北京京龙工程项目管理公司

1.6、施工单位：北京住总有限责任公司

1.7、开竣工日期：2014年9月1日至2016年12月3日，工期日历天数824天。

2. 工作部署

2.1 工作目标

通过市建委绿色施工检查，达到《绿色施工管理规程》的标准

2.2 准备工作

2.2.1 项目部培训工作

项目部组织有关人员开展绿色施工培训教育活动，贯彻公司下发方案内容，结合《绿色施工管理规程及附则》进行学习和培训，要求各有关岗位人员了解和掌握有关要求，在日常工作中贯彻实施，并形成内业资料。

2.2.2 绿色管理施工内容

2.3 自检措施

每月（10、25）两次定期进行检查，发现问题及时解决并填写《绿色施工自查及整改记录表》。

审核人		交底人		接受交底人	见附表

1、本表由施工单位填写，交底单位与接受交底单位各存一份。

2、当做分项工程施工技术交底时，应填写“分项工程名称”栏，其他技术交底可不填写。

工程开工前编制绿色施工方案并督促现场落实。
落实方案交底，让每一位管理人员理解绿色施工的意义，提高环保意识，使绿色施工理念深入人心。

图 4.2－10　工程开工前编制绿色施工方案并落实交底

（5）通过绿色施工，提升企业的技术创新、新技术应用和现代化管理水平，如图 4.2 - 11、图 4.2 - 12 所示。

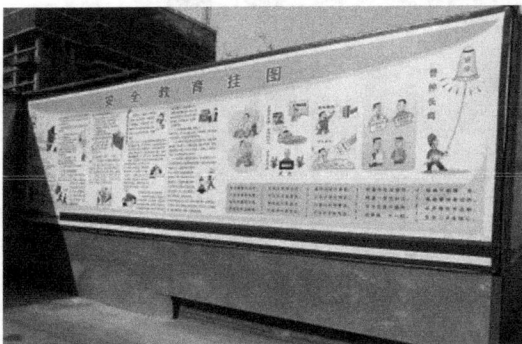

图 4.2 - 11　场区内设置安全文明施工宣传牌

图 4.2 - 12　场区内设置绿色施工宣传牌

（6）通过绿色施工，使建筑施工在满足国家经济和社会发展的需要的同时，也要满足环境保护、节约资源、推动国家可持续发展战略的需要，如图 4.2 - 13、图 4.2 - 14 所示。

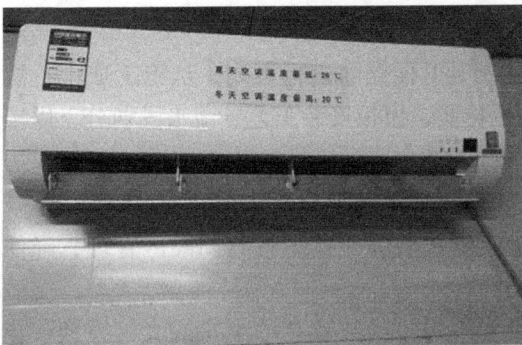

图 4.2 - 13　规定空调使用温度节能减排

图 4.2 - 14　用水区域设置节水告示牌

（7）通过绿色施工检查施工中的能源消耗、资源浪费和环境污染等各项技术指标、技术措施是否科学、合理，施工过程中生态环境改变、水资源利用的合法性是否符合人民利益、国家政策及规范的要求，如图 4.2 - 15 ~ 图 4.2 - 17 所示。

图 4.2 - 15　建立污染天气预警机制
作为组织施工的依据

图 4.2 - 16　对场区内原有树木进行就地保护

图 4.2 – 17　土方现场存放避免倒运浪费

4.3　模板工程绿色施工

（1）编制模板施工方案：在施工前对模板分项工程提前进行策划，从施工成本、质量及绿色施工的角度，明确各个部位所用的模板材质、模板安装工艺、流水段划分、周转次数等内容，并形成切实可行的《模板工程施工方案》，对模板的施工工艺、裁切、清理、周转、成品保护等措施内容进行详细交底，如图 4.3 – 1、图 4.3 – 2 所示。

（2）设置封闭式可周转的木工加工棚，对模板裁切等作业进行封闭隔声管理，降低噪声污染，如图 4.3 – 3 所示。

（3）高层地上墙体规格尺寸变化较小，应采用周转次数较高的组拼式大钢模板、铝合金模板、塑料模板等可再生材质的大模板，以提高模板的利用率，减少木材的使用，如图 4.3 – 4 所示。

（4）门洞口模板采用竹胶板代替传统木胶合板，以提高门洞口模板的周转次数，提高门洞口混凝土的施工质量，如图 4.3 – 5 所示。

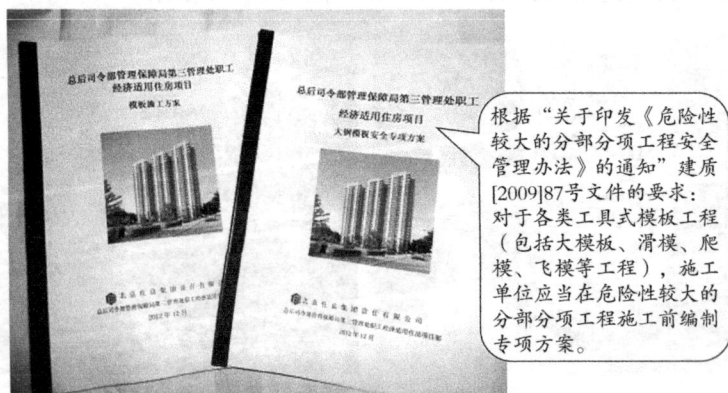

根据"关于印发《危险性较大的分部分项工程安全管理办法》的通知"建质[2009]87号文件的要求：对于各类工具式模板工程（包括大模板、滑模、爬模、飞模等工程），施工单位应当在危险性较大的分部分项工程施工前编制专项方案。

图 4.3 – 1　《模板工程施工方案》经监理单位审批后方可实施

对模板施工方案中的施工工艺、裁切、清理、周转、成品保护等措施内容进行详细交底并在施工过程中经常检查，防止在模板制作、安装以及拆除过程中出现因人为操作造成的破坏。

图 4.3-2　对现场模板施工进行检查

加工棚在塔吊旋转半径内须设双层防砸棚，降低安全隐患。加工棚内消防设施须配备齐全。

图 4.3-3　封闭式可周转木工加工棚

图 4.3-4　高层地上墙体采用全钢大模板　　　图 4.3-5　采用竹胶板做门洞口模板

（5）顶板模板主次龙骨采用可周转使用方钢管龙骨，减力木方投入，起到节约木材的作用，如图 4.3-6、图 4.3-7 所示。

顶板模板拼缝处使用木方龙骨，方便钉子固定模板。

图 4.3 - 6　顶板模板主次龙骨采用方钢管龙骨（1）　图 4.3 - 7　顶板模板主次龙骨采用方钢管龙骨（2）

（6）顶板外侧吊帮模板可使用定型钢质模板，外墙大钢模可直接放置于外侧吊帮模板上，有利于墙体层间接缝顺直平整，满足模板支座安全稳固的要求，更能有利于节约木材，提高模板周转效率，如图 4.3 - 8、图 4.3 - 9 所示。

使用钢制顶板模板外侧吊帮模板与外墙大钢模板拼缝严密，可提高外墙混凝土观感质量。

图 4.3 - 8　钢制顶板模板外侧吊帮模板（1）　　图 4.3 - 9　钢制顶板模板外侧吊帮模板（2）

（7）圆柱可采用大钢模板、玻璃钢模板等可再生材质模板，如图 4.3 - 10 所示。

图 4.3 - 10　圆柱采用玻璃钢模板

（8）顶板模板支撑采用管件合一的脚手架和支撑体系，方便施工，避免卡件的丢失浪费，如图 4.3 - 11、图 4.3 - 12 所示。

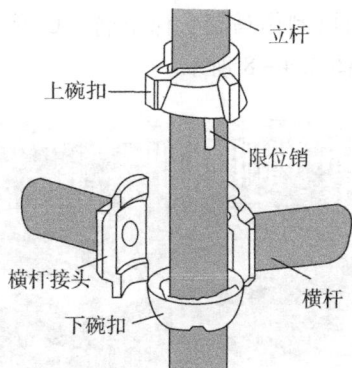

图 4.3 - 11　碗扣式模架体系

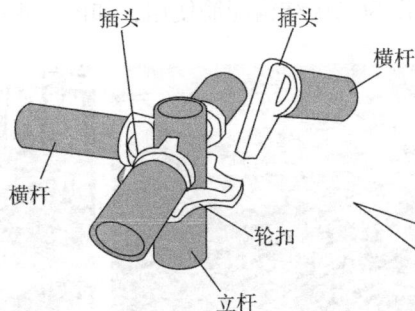

《建筑施工承插型盘扣式钢管支架安全技术规程》（JGJ 231-2010）中规定"模板支架及脚手架施工前应根据施工对象情况、地基承载力、搭设高度，按本规程的基本要求编制专项施工方案，并应经审核批准后实施"。

图 4.3 - 12　承插式模架体系

4.4　钢筋工程绿色施工

（1）钢筋加工可采用集中配送化，减少钢筋加工成本，减少现场场地的占用，如图 4.4 - 1 ~ 图 4.4 - 3 所示。

（2）若钢筋采用现场加工，则应搭设工具式加工棚，方便周转，提高利用率，如图 4.4 - 4 所示。

图 4.4 - 1　钢筋集中加工厂

图 4.4 - 2　钢筋数控弯曲机

图 4.4 - 3　钢筋笼滚焊机

图 4.4 - 4　工具式钢筋加工棚

（3）钢筋加工余料应分类存放、合理利用，钢筋余料可制作马凳、梯子筋、U 形卡等辅助筋，甚至可作为二次结构配筋使用，如图 4.4－5～图 4.4－8 所示。

图 4.4－5　用钢筋余料加工梯子筋

图 4.4－6　用钢筋余料加工马凳筋

图 4.4－7　用钢筋余料加工定距框

图 4.4－8　用钢筋余料做二次结构配筋

4.5　混凝土结构工程绿色施工

（1）设置封闭式地泵棚，对混凝土地泵输送进行封闭隔声管理，降低噪声污染，如图 4.5－1 所示。

（2）铺设办公区、生活区、施工区临时道路，选用可周转的预制混凝土道路板，预制混凝土板可采用施工中剩余的混凝土，增加实用性、环保性。工程结束后，可将预制混凝块拆除，周转至下一个工程使用，如图 4.5－2 所示。

（3）混凝土施工中浇筑剩余的混凝土可制作钢筋保护层垫块、预制盖板、预制过梁等构件，以达到合理、充分利用的目的，如图 4.5－3～图 4.5－5 所示。

（4）现场建立基坑降水再利用的收集处理系统，将基坑降水储存使用，用于混凝土养护及降尘，如图 4.5－6 所示。

图 4.5－1　设置封闭地泵棚减小噪声

图 4.5-2 使用可周转的预制混凝土道路板铺设临时道路

图 4.5-3 用混凝土余料制作钢筋保护层垫块

图 4.5-4 用混凝土余料制作混凝土过梁　　图 4.5-5 用混凝土余料制作混凝土盖板

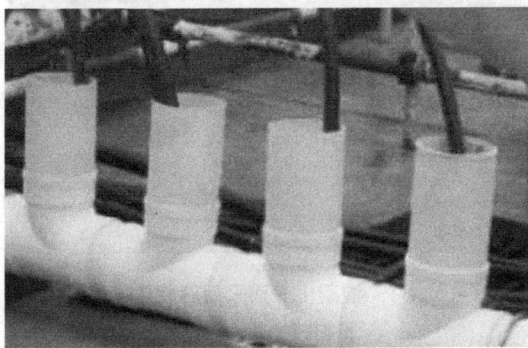

图 4.5-6 采取集水措施收集基坑降水

（5）施工现场建立雨水收集利用的设施，用于混凝土养护、冲洗、喷洒路面和绿化浇灌等，如图4.5-7所示。

图4.5-7　采取集水措施收集雨水

（6）混凝土养护和砂浆搅拌用水应合理，应有节水措施，如图4.5-8~图4.5-12所示。

图4.5-8　设置自动喷淋养护系统（1）

图4.5-9　设置自动喷淋养护系统（2）

图4.5-10　采用喷雾养护可减少传统
浇水养护的用水量

图4.5-11　混凝土表面采用麻袋片或保湿毯
养护减少水分流失

图 4.5 – 12　混凝土表面采用塑料薄膜覆盖保湿

4.6　预应力工程绿色施工

（1）采用复合土钉墙的边坡支护方式，预应力锚杆所用的工字钢可在基坑回填时拆除重复使用或用做他用，如图 4.6 – 1 所示。

图 4.6 – 1　预应力锚栓张拉用工字钢可回收利用

（2）后张法预应力钢绞线选用长度应保证钢绞线露在夹片外的长度控制在 30 ~ 50mm 即可，避免钢绞线切割长度过长导致的材料浪费，如图 4.6 – 2 所示。

（3）预应力混凝土构件养护使用自动喷淋养护系统，避免浇水养护的水资源浪费，并提高养护效果，如图 4.6 – 3 所示。

图4.6-2　预应力钢绞线选用长度应避免过长

图4.6-3　预应力混凝土构件养护
使用自动喷淋养护系统

4.7　砌体结构工程绿色施工

（1）针对砌体工程，应做到预先进行总体排版，精化材料需求量的计算，达到减少材料损耗，节约材料的目的，如图4.7-1、图4.7-2所示。

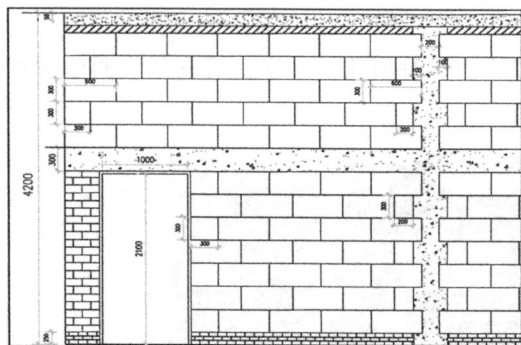

图4.7-1　砌体工程绘图排版

图4.7-2　砌体工程成型

（2）砌筑砂浆、抹灰砂浆等均采用预拌砂浆，避免露天搅拌引起的环境污染，如图4.7-3所示。

图4.7-3　砌筑工程等均采用预拌砂浆

（3）砌筑工程尽可能采用新型保温砌块，降低建筑能耗，如图 4.7-4、图 4.7-5 所示。

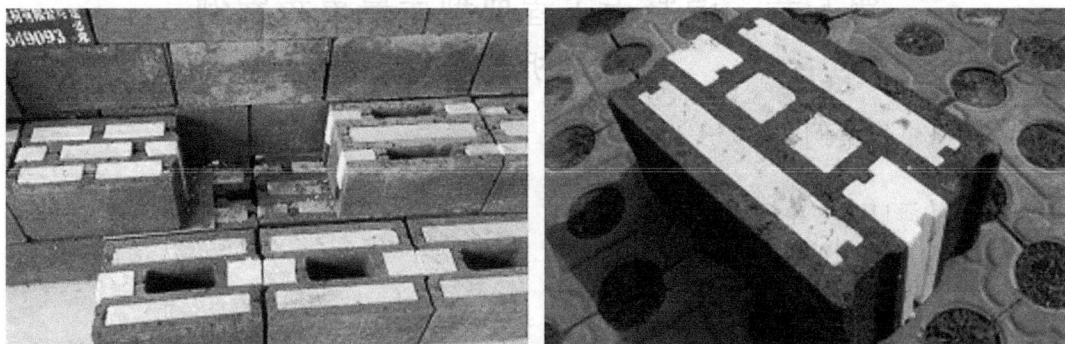

图 4.7-4 采用保温砌块降低建筑能耗（1）

图 4.7-5 采用保温砌块降低建筑能耗（2）

（4）砌筑工程所用的轻集料砌块、加气块等余料、废料可做屋面或车库顶板找坡层、垫层再次利用，如图 4.7-6、图 4.7-7 所示。

图 4.7-6 砌筑工程废料余料
做找坡层材料再次利用

图 4.7-7 砌筑工程废料余料
做垫层材料再次利用

4.3.17 ……应采取临时防护措施，防止其污染环境。如图4.3-4、图4.3-7。

第5章 混凝土工程典型质量事故案例分析与经验交流

5.1 典型事故案例

（1）【海口××小区楼板开裂】2014年12月，来自四川的周先生和妻子看中了海口琼山区××小区四楼的一套房子，他们支付了首付款105000元。5月初，周先生发现房屋的地板上满是"补丁"，便找到小区负责人李工了解情况。李工解释称，由于楼板开裂，他们使用了高压泡沫注浆进行修复。然而周先生检查后发现，不仅是地板，房子的天花板上也遍布裂缝，此外这套房子还漏水严重，如图5.1-1所示。

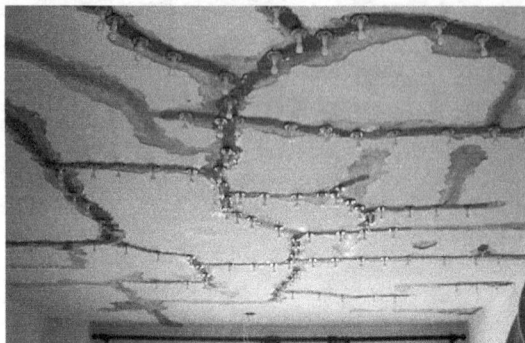

图5.1-1 海口××小区楼板开裂

（2）【深圳罗湖××大厦挑檐垮塌事件】2014年7月18日11：36分，罗湖区××大厦一楼水泥挑檐发生局部垮塌事故，垮塌顶棚长度约50m，当时风雨较大，约有20～30人在顶棚下避雨。倒塌之后，避雨人群四处逃窜，此次垮塌事故造成11人受伤、3人死亡。受伤人员中3人伤势较重，8人轻伤。周边店铺的工作人员称，平时下雨时就看到垮塌的地方经常漏雨。在事故现场可以清楚地看到混凝土顶棚与墙体断裂处的生锈钢筋，如图5.1-2所示。

图5.1-2 深圳罗湖××大厦挑檐垮塌事件

（3）【北京"××项目豆腐渣"事件】2010年6月，北京某区有关部门在保障房项目监督检查中发现，某地块8栋住宅工程出现混凝土试块强度不符合设计要求的问题，之后市住建委及某区住建委展开调查。媒体称此事件为"××项目豆腐渣"事件。据了解，该项目楼高为11～18层，预计2011年6月完工。2010年7月，该项目被责令停工，并暂停网签预售。同年10月，6栋已建成楼房全部拆除。已建成楼房被拆除，这在北京地区是首次发生，如图5.1-3所示。

图5.1-3 北京"××项目豆腐渣"事件

(4)【12.29 北京××附中在建工地钢筋倒塌事故】2014 年 12 月 29 日 8 时，××大学附属中学 A 栋体育馆等三项工程，在进行地下室底板钢筋施工作业时，上层钢筋突然坍塌，将进行绑扎作业的人员挤压在上下钢筋之间，塌落面积大约在 2000m² ，造成 10 人死亡 4 人受伤，如图 5.1－4 所示。

(5)【石家庄××小区地下室渗漏】家住石家庄××小区的一位业主反映，她家的负二层地下室漏水，积水泡坏了存放在地下室的不少物品，反映给物业多次，至今未能解决。据这位不愿透露姓名的业主说，她 2013 年 6 月搬入，乔迁新居，本是件高兴事，可新房才住了没多久，负二层地下室就出现了漏水现象。起初只是有一点点漏，她找来物业将漏水点堵住。可没过多久，地下室又漏了，将里面放的米面全泡了。郁闷之余，她询问多位邻居，得知不光是她家地下室有问题，几栋楼不少户业主家都有类似情况。由于长期积水，地下室臭味扑鼻，前几天她又有新的发现，由于部分墙面长期受潮，白色墙皮已经开始脱落，如图 5.1－5 所示。

图 5.1－4　北京××附中在建工地钢筋倒塌事故　　　图 5.1－5　石家庄××小区地下室渗漏

5.2　事故分析与处理

(1)【海口××小区楼板开裂】海口市建设工程质量安全监督站的工作人员前往××小区查看房屋，并召集开发商、施工方、设计方等召开会议。经过各方勘查研究后得出裂缝造成原因为：混凝土浇筑完成后，覆盖不及时，造成表面水分散失过快，同时由于覆盖不及时，混凝土表面温度与混凝土内部温度相差较大造成混凝土楼板的裂缝，如图 5.2－1、图 5.2－2 所示。

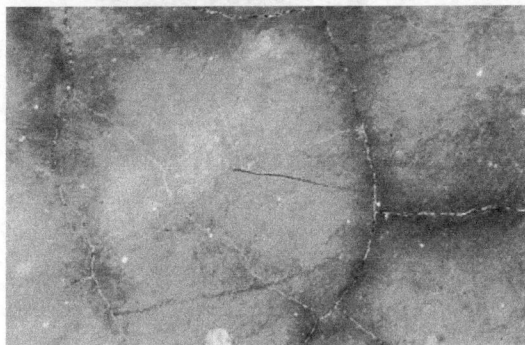

图 5.2－1　混凝土表面裂缝　　　　　　　　图 5.2－2　混凝土楼板通裂导致的渗水

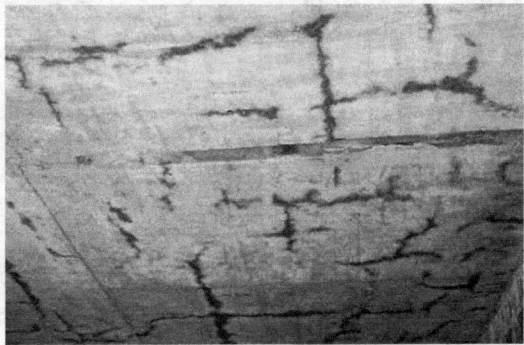

(2)【深圳罗湖××大厦挑檐垮塌事件】事故发生后市、区两级政府组织相关部门成立事故调查组，调查结果显示该悬挑现浇混凝土雨篷支座钢筋大部分锈蚀，雨篷排水管堵塞造成积水，加大雨篷荷载，最终导致在暴雨时钢筋发生破坏，混凝土雨篷直接垮塌。另外，专家表示，悬挑雨篷与结构墙体间产生的裂缝是导致雨篷支座钢筋锈蚀的主要原因。在工程施工中悬挑构件与支座间出现裂缝几乎成为一种通病，如图5.2-3、图5.2-4所示。

图5.2-3 悬挑雨篷垮塌处钢筋锈蚀严重

图5.2-4 悬挑构件与支座间出现裂缝成为一种质量通病

(3)【北京"××项目豆腐渣"事件】经国家检测机构检测，发现B、C区工程部分结构没有达到设计要求，经专家多次论证，设计单位计算复核，不能满足结构抗震要求。为确保结构安全，决定拆除B01、B02、B03、B04、C01、C02这6栋楼地上结构部分，地下部分进行结构加固，B05、D01两栋楼局部加固。同年10月，6栋已建成楼房全部拆除。事发后，市住建委出具"调查处理情况的报告"，称建设单位在建设过程中，直接采购预拌混凝土，未对混凝土生产、运输、产品质量及服务等环节进行有效控制。并对施工单位11次提出的预拌混凝土供应不及时、初凝时间长等质量问题，未予以足够重视，且明令施工单位继续使用，留下了隐患，如图5.2-5、图5.2-6所示。

图5.2-5 检测机构现场检测

图5.2-6 六栋已建成楼房全部拆除

(4)【12.29北京××附中在建工地钢筋倒塌事故】调查组查明，未按照方案要求堆放物料、制作和布置马凳，马凳与钢筋未形成完整的结构体系，致使基础底板钢筋整体坍塌，是导致事故发生的直接原因。调查称，施工时违反《钢筋施工方案》第7.7条规定，将整捆钢筋物料直接堆放在上层钢筋网上，施工现场堆料过多，且局部过于集中，导致马凳立筋失稳，产生过大的水平位移，进而引起立筋上、下焊接处断裂，致使基础底板钢筋整体坍塌。现场制作的马凳所用钢筋直径从《钢筋施工方案》要求的 32mm 减小至 25mm 或 28mm；现场马凳布置间距为 0.9～2.1m，与《钢筋施工方案》要求的 1m 严重不符，且布置不均、平均间距过大；马凳立筋上、下端焊接欠饱满。马凳及马凳间无有效的支撑，马凳与基础底板上、下层钢筋网未形成完整的结构体系，抗侧移能力很差，不能承担过多的堆料载荷。对劳务分包单位管理不到位，未及时发现其为抢赶工期、盲目吊运钢筋材料集中码放在上层钢筋网上的隐患，导致载荷集中，如图 5.2-7、图 5.2-8 所示。

图 5.2-7　底板两侧钢筋间钢管支撑　　　　图 5.2-8　底板上层钢筋坍塌

　　（5）【石家庄××小区地下室渗漏】小区物业公司对渗漏栋号的地下室已使用抽水泵排水，对受潮的墙面进行清理，派人寻找渗漏部位并对位置进行封堵处理。针对这次事件，物业工作人员表示，地下室渗漏位置大多为原墙体施工时留下的孔洞或施工缝，本身既有渗漏水的隐患，原施工单位施工后未对这些隐患位置采取合理有效的封堵、防水措施，加之连日雨量较大，导致出现大面积的漏水。物业公司将联系原施工单位对漏水问题进行详细勘查分析，做出合理彻底的处理方案，避免大面积漏水情况再次发生，如图 5.2-9、图 5.2-10 所示。

图 5.2-9　对地下室积水使用抽水泵排水　　　图 5.2-10　对浸泡的墙面涂料进行清理修补

5.3　经验教训的总结

　　（1）【海口××小区楼板开裂】虽然造成该工程楼板裂缝的原因是混凝土浇筑完成后

未采取有效的保水养护措施，而导致的水分丧失过快和温度应力的影响。但在工程施工中裂缝成因还有很多，如：混凝土材质本身的收缩、混凝土硬化过程中的温度应力作用、混凝土构件配筋不足、混凝土配合比设计不当、施工中振捣不当、浇筑完成后过早堆放重物等。这些因素都会造成混凝土较大的收缩，致使混凝土微观裂缝迅速扩展，形成宏观裂缝。因此要避免混凝土出现裂缝，不单要从设计、原材料等方面进行控制，混凝土施工事中控制及事后养护、保护更是管理的重点。对已经出现的混凝土裂缝可委托专业监测机构鉴定。依据鉴定结果对不同情况的裂缝应委托专业施工单位采取不同的修补方法进行修复或加固处理，如图5.3-1～图5.3-4所示。

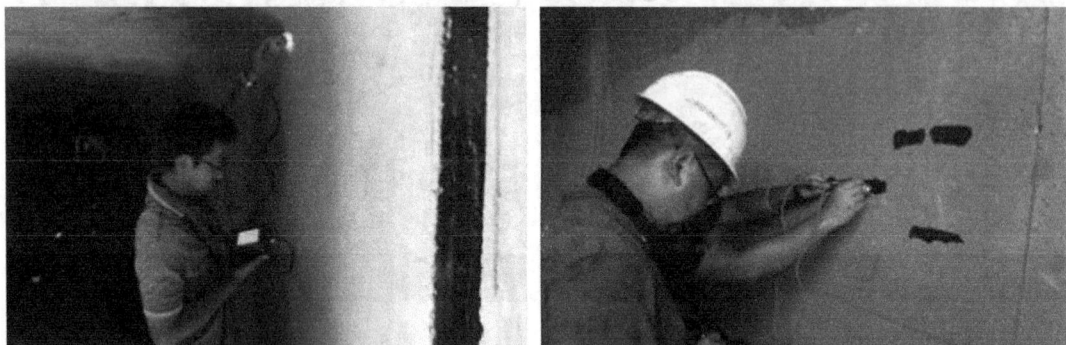

图5.3-1　对混凝土构件裂缝进行检测

图5.3-2　对混凝土构件裂缝粘贴碳纤维布加固

图5.3-3　对混凝土构件裂缝采用压力注浆加固

图 5.3 - 4　对混凝土构件裂缝采用粘钢加固

（2）【深圳罗湖××大厦挑檐垮塌事件】纵观该事故发生的原因，无论是设计、材料还是施工方面均存在一定隐患。作为施工单位，在钢筋分项工程施工前须对所有将要使用的钢筋原材进行除锈处理，所有混凝土构件均不应使用锈蚀的钢筋。对因混凝土施工等造成的钢筋污染也应及时派人清理。对悬挑雨篷、空调板、阳台板、飘窗板等悬挑构件的模板拆除应严格执行国家标准：混凝土强度未达到设计强度标准的 100% 前严禁拆除模板及支撑体系（通过试压同条件养护试块进行控制），避免悬挑构件在支座部位产生裂缝。对多雨水地区，悬挑雨篷构件除了设置排水管外尚宜在一定高度设置溢水口，避免雨排水管堵塞而造成积水的情况，如图 5.3 - 5 ~ 图 5.3 - 8 所示。

图 5.3 - 5　钢筋机械除锈

图 5.3 - 6　在雨后、浇筑混凝土后及时使用
钢丝刷等工具清理钢筋

图 5.3 - 7　悬挑构件设置同条件养护试块控制拆模强度

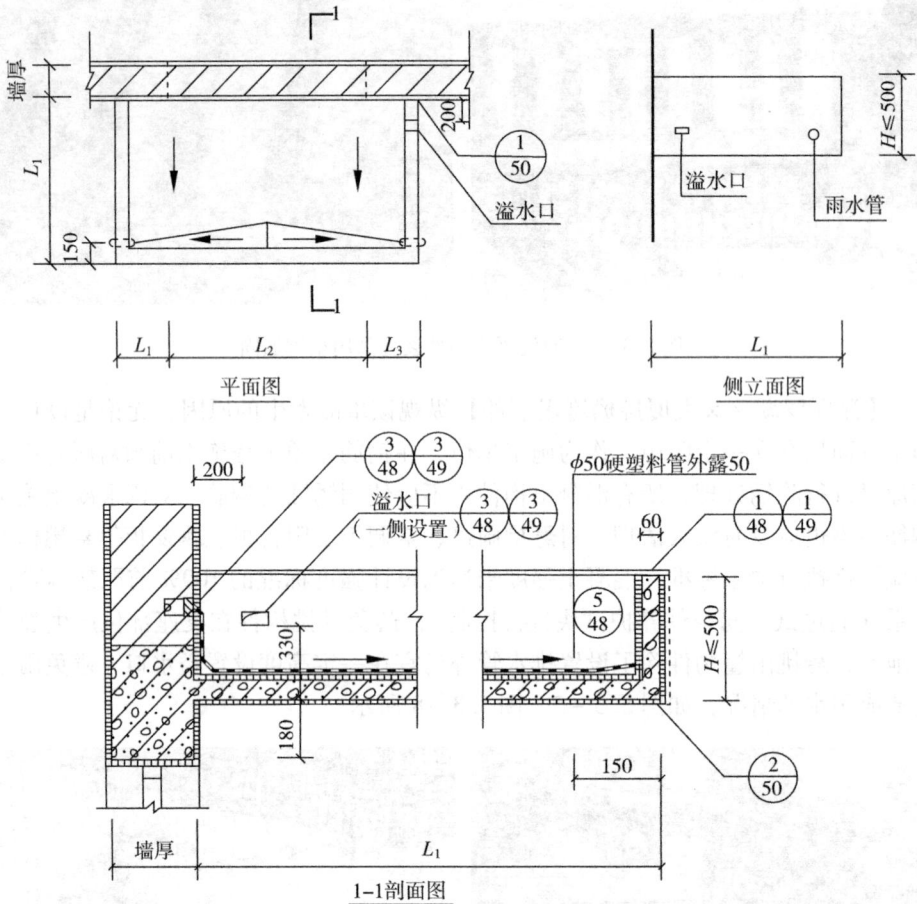

图 5.3 - 8　设置溢水口避免排水管堵塞造成积水

（3）【北京"××项目豆腐渣"事件】该工程建设单位对采购的预拌混凝土未履行质量责任，明示施工单位使用事实上不合格的混凝土。在材料供应的源头埋下了事故的隐患，作为直接影响工程质量的混凝土材料，建设单位、监理单位、施工单位及预拌混凝土供应单位都应严格把控。建设单位、施工单位应选用建委公布的"具有预拌商品混凝土专业企业资质搅拌站点名单"内企业的混凝土，对商品混凝土供应单位应进行考察，并应不定期对混凝土供应单位原材料及开盘情况进行检查。对搅拌站实行合同管理，应有明确的技术要求，与混凝土供应单位签署"工程质量终身责任承诺书"。混凝土供应过程中，还可采用驻场监理制度、7d 标准养护试块试压制度等措施实时监控混凝土质量，如图 5.3 - 9、图 5.3 - 10 所示。

（4）【12.29 北京××附中在建工地钢筋倒塌事故】该工程施工时施工单位未对底板钢筋支撑措施的可靠性、安全性进行检查，且基础底板上层钢筋上有集中堆载钢筋的现象。对于钢筋工程施工，施工单位应编制详细的施工方案，方案中应包括钢筋支撑的施工方式（或钢筋马凳），对于钢筋支撑材质、规格、型式、间距应经过计算后才可确认。在施工过程中，施工单位质检员、安全员应加强现场巡视，检查落实施工方案中的各项措施，尤其是钢筋马凳的制作质量、安放数量，确保现场施工与方案一致，安全管理人员应时刻关注现场施工动态，对于出现集中堆放材料、模架的情况及时发现、及时制止，如图5.3-11、图5.3-12 所示。

图 5.3-9　对搅拌站实行合同管理

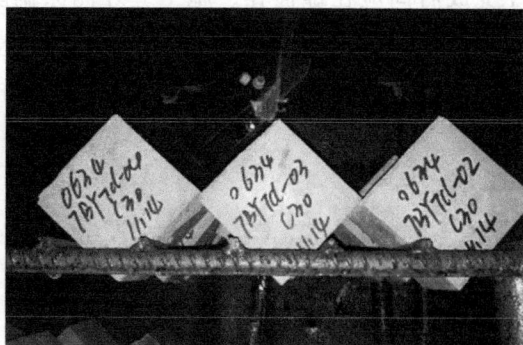

图 5.3-10　7 d 标准养护试块试压以了解混凝土早期强度

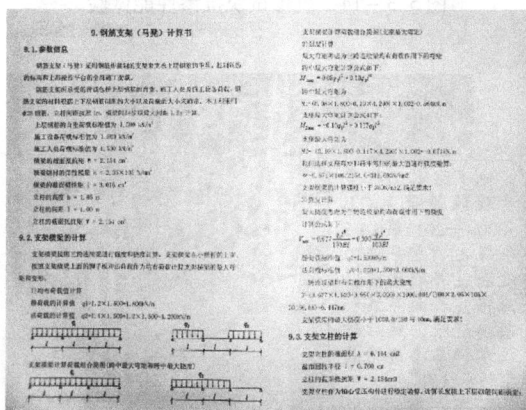

图 5.3-11　钢筋支撑须进行详细计算后方可确认实施

图 5.3-12　管理人员加强现场巡视检查

（5）【石家庄××小区地下室渗漏】住宅楼地下室渗漏往往会对业主造成经济损失，而渗漏问题作为一个质量通病在工程施工中也很难避免，问题的背后既有地下室防水施工质量的缺陷也有混凝土工程施工时留下的隐患。地下室的混凝土工程往往使用抗渗混凝土，作为地下防渗漏的第一道措施，抗渗混凝土的质量必须满足规范设计的要求，施工中通过抗渗试块的留置对混凝土抗渗能力进行检测，如图5.3-13、图5.3-14 所示。

混凝土施工中常见的螺栓孔、施工缝、后浇带等特殊部位极易为地下室的渗漏留下隐患，对上述部位的细部处理尤为重要：地下室穿墙螺栓采用止水螺栓，中部设 80mm ×80mm×5mm 止水钢片（迎水面粘制品型遇水膨胀止水环）；地下室基础底板处水平施工缝按需设止水钢板并加设渗透结晶型防水涂料，其他水平施工缝（如地下室外墙与顶板施工缝）断面处均设置腻子型遇水膨胀止水条和渗透结晶型防水涂料；地下室外墙竖向施工缝应设置止水钢板和渗透结晶型防水涂料;地下室底板及外墙在后浇带每侧设置中埋式止水钢板 S 型外贴式橡胶止水带;沉降缝处在原设计中埋式止水带的基础上设 B 型外贴式橡胶止水带,缝内填塞腻子型遇水膨胀止水条。以上防水细部构造施工完成后尚应在螺栓孔、施工缝外侧涂刷防水涂料作为加强措施,如图 5.3 - 15 ~ 图 5.3 - 22 所示。

图 5.3 - 13　混凝土浇筑现场制作抗渗混凝土试块

图 5.3 - 14　抗渗试块抗渗性能试验

中部设80mm×80mm×5mm止水钢片

制品型遇水膨胀止水环

图 5.3 - 15　地下室穿墙螺栓采用止水螺栓

《地下防水工程质量验收规范》GB 50208—2011第5.1.5条规定"水平施工缝浇筑混凝土前,应将其表面浮浆和杂物清除,然后铺设水泥基渗透结晶型防水涂料"。

图 5.3 - 16　水平施工缝按需设止水钢板并加设渗透结晶型防水涂料

遇水膨胀止水条进场后须按照规范要求进行见证取样复试,复试合格后方可用在工程上。

图 5.3 - 17　水平施工缝断面处设置腻子型遇水膨胀止水条

图 5.3 - 18　竖向施工缝应设置止水钢板和渗透结晶型防水涂料

图 5.3 – 19　底板后浇带设置中埋式止水钢板
S 型外贴式橡胶止水带

图 5.3 – 20　外墙后浇带设置中埋式止水钢板
S 型外贴式橡胶止水带

图 5.3 – 21　沉降缝处设中埋止水带及
B 型外贴式橡胶止水带

图 5.3 – 22　地下室螺栓孔、施工缝外侧涂刷
防水涂料作为加强措施

　　针对已经出现漏水的地下室，找到渗漏部位后将其表面装修粉刷层剔除干净，将渗漏处凿成反喇叭形孔洞，清除残渣，擦去表面水后抹快凝快硬、早强高强、抗渗抗裂的堵漏灵或其他防水封堵材料。渗漏严重的部位可采用压力注浆的方法进行封堵。在条件允许的情况下渗漏部位封堵尽量在迎水面进行，如图 5.3 – 23、图 5.3 – 24 所示。

图 5.3 – 23　采用堵漏灵类材料对渗漏位置进行修补

图 5.3 – 24　采用压力注浆方法对渗漏位置进行修补